O ORÁCULO DA CABALA

Richard Seidman

O ORÁCULO DA CABALA

Ensinamentos Místicos das Letras Hebraicas

Tradução
PAULO SALLES

EDITORA PENSAMENTO
São Paulo

Título do original: *The Oracle of Kabbalah*.

Copyright © 2001 Richard Seidman.

Copyright da apresentação © 1999 Rabino Lawrence Kushner.

Todos os direitos reservados. Nenhuma parte deste livro pode ser reproduzida ou usada de qualquer forma ou por qualquer meio, eletrônico ou mecânico, inclusive fotocópias, gravações ou sistema de armazenamento em banco de dados, sem permissão por escrito exceto nos casos de trechos curtos citados em resenhas críticas ou artigos de revistas.

A Editora Pensamento-Cultrix Ltda. não se responsabiliza por eventuais mudanças ocorridas nos endereços convencionais ou eletrônicos citados neste livro.

Dados Internacionais de Catalogação na Publicação (CIP)
(Câmara Brasileira do Livro, SP, Brasil)

Seidman, Richard
  O oráculo da cabala : ensinamentos místicos das letras hebraicas / Richard Seidman ; tradução Paulo Salles. -- São Paulo : Pensamento, 2005.

Título original : The oracle of kabbalah.
Bibliografia.
ISBN 978-85-315-1394-7

1. Cabala 2. Hebraico – Alfabeto – Aspectos religiosos – Judaísmo 3. Tarô 4. Vida espiritual – Judaísmo I. Título.

05-2796   CDD-296.16
                                                                                                          -135-4

Índices para catálogo sistemático:
1. Cabala : Fontes judaicas 296.16
2. Cabala : Ocultismo 135.4

O primeiro número à esquerda indica a edição, ou reedição, desta obra. A primeira dezena à direita indica o ano em que esta edição, ou reedição foi publicada.

Edição
3-4-5-6-7--8-9-10-11

Ano
10-11-12-13-14-15-16

Direitos de tradução para o Brasil
adquiridos com exclusividade pela
EDITORA PENSAMENTO-CULTRIX LTDA.
Rua Dr. Mário Vicente, 368 – 04270-000 – São Paulo, SP
Fone: 2066-9000 – Fax: 2066-9008
E-mail: pensamento@cultrix.com.br
http://www.pensamento-cultrix.com.br
que se reserva a propriedade literária desta tradução.

NOTA DO AUTOR

Em retribuição pelas árvores cortadas para se produzir, vender e distribuir este livro, o autor doará parte dos lucros de cada livro para a Friends of Trees, de Portland, Oregon, a fim de apoiar o plantio de novas árvores.

Para meu pai, Herbert Seidman.
Que a memória dele seja uma bênção.

Para todos os nossos antepassados, de todas as tribos e países, cujas vozes nativas foram silenciadas.

E para Rachael Resch.

Sumário

Agradecimentos 13

Apresentação, pelo rabino Lawrence Kushner 15

Prefácio 17

Introdução 21

As Letras da Criação 21

Inspirando a Linguagem: Respiração e Ausência de Vogais no Hebraico Antigo 24

Adivinhação no Judaísmo: Abominação ou Fonte de Orientação Divina? 25

O Oráculo da Cabala e a Adivinhação 27

A Arte de Consultar o Oráculo da Cabala 28

1
א Aleph 33

2
ב Beit 41

3
ג Gimmel 47

4
ד Dalet 53

5
ה Hei 60

6
ו Vav 66

7
ז Zayin 72

8
ח Chet 78

9
ט Tet 85

10
י Yud 92

11
כ Kaf 98

12
ל Lamed 105

13
מ Mem 111

14
נ Nun 118

15
ס Samech 124

16
ע Ayin 130

17
פ Pei 137

18
צ Tzadi 143

19
ק Kuf 149

20
ר Resh 155

21
ש Shin 161

22
ת Tav 167

23
A Letra Perdida 173

Glossário 179

Bibliografia 185

Notas 188

Agradecimentos

O exemplo e o espírito generoso de Abby Layton permitiram-me encontrar um caminho judaico. Este livro não existiria sem a influência dela.

Sou grato ao rabino Aryeh Hirschfield por sua presença inicial alentadora e por sua constante orientação. Por meses, durante o chuvoso inverno do Oregon, ele e eu nos encontrávamos toda semana para ler o manuscrito deste livro, capítulo por capítulo. Aryeh ajudou-me com a correção do hebraico, esclareceu pontos confusos e ofereceu-me várias sugestões úteis.

Agradeço à minha mulher, Rachael Resch, por seu amor incansável, seu firme apoio, sua sábia perspectiva, sua competente edição, sua visão artística, sua adorável caligrafia — que serviu de protótipo para a confecção das cartas — e pelas alegrias que me proporciona.

Sou grato à minha mãe, Phoebe Seidman, por seu amor e apoio.

O entusiasmo e a perspectiva de Ilan Shamir ajudaram a orientar a redação inicial. Muitos outros amigos deram contribuições e estímulos importantes — entre eles, Gordon Quinlan, John Ciminello, Ruth Resch, Nelson Foster, Donna Redisch, Aki Fleshler, Alon Raab,

Hank Stratton, Ron Marson e Pat Ferris. Howard Lanoff, Babs Smith e Pat Ciminello foram também de um apoio inflexível. Agradeço a todos eles por sua cooperação e amizade.

Sou grato aos meus professores Robert Aitken, Nelson Foster e Martín Prechtel. Sua influência permeia estas páginas.

A agente literária Naomi Wittes Reichstein trabalhou com persistência para ajudar este livro a ser concluído. Seu conhecimento do judaísmo e suas detalhadas práticas editoriais contribuíram para um produto final muito mais claro.

Admiro a indiscutível edição feita por Barry Neville, da St. Martin's Press, e sou grato por sua fé neste livro.

Amy Goldberger, da Publishing Services, foi excelente em ajudar a obter permissões.

Agradeço à Literary Arts, Inc., pela bolsa literária que me ajudou a concentrar-me na conclusão deste projeto.

Agradeço também a Sharif Abdullah, por sua amizade e por ceder-me seu silencioso refúgio, onde pude escrever.

Sou grato pela inspiração do *Book of Letters*, de Lawrence Kushner, e estou muito honrado que o rabino Kushner tenha concordado em escrever a Apresentação de *O Oráculo da Cabala*.

Obrigado a Rodger Kamenetz, por mostrar-me que judaísmo e budismo podem coexistir pacificamente num mesmo indivíduo.

Obrigado a Jamie Sams e David Carson por terem criado as *Cartas Xamânicas*, que estabeleceram um modelo para *O Oráculo da Cabala* e outros livros semelhantes.

Obrigado a Monte Farber e Amy Zerner por seu apoio.

Obrigado a John Tharp por suas excelentes fotografias, generosamente doadas em honra de seu grande amigo, meu sogro George T. Resch.

Apresentação

Rabino Lawrence Kushner

A primeira aula que ministrei como rabino foi há trinta anos, em Highland Park, Illinois. Era manhã de quarta-feira, curso de hebraico introdutório. Comecei a parte de abertura pedindo aos alunos que dissessem com que objetivos assistiam àquelas aulas. A maioria das respostas era previsível. Um deles queria acompanhar o filho na escola de hebraico. Outro queria ser capaz de entender as preces. Outro ainda esperava ser capaz, um dia, de ler diretamente os rolos da Torah. Mas a resposta de uma mulher mudou o sentido da aula para todos. E aqui estou eu, três décadas depois, ainda pensando nessa resposta. Ela disse: "Estou aprendendo hebraico porque eu não acho que Deus tenha parado de falar, e acho que acredito que, quando Deus falar de novo, não vai ser em inglês".

É o que a tradição hebraica quer dizer quando se refere ao hebraico como *l'shon kodesh*, a língua sagrada. É um modo de dizer que o hebraico tem, de alguma forma, "alguma coisa a ver com Deus". Pois, assim como o hebraico é o instrumento pelo qual as escrituras são visíveis, o texto sacro é também a principal lente pela qual Deus se torna visível.

Para os judeus, a pedra de toque, o início da vida religiosa organizada, é a revelação de Deus no Sinai. Simbolizado pela Torah (o rolo manuscrito dos Cinco Livros de Moisés), esse momento é impossível por lógica. O infinito não pode ser recebido pelo finito; eles são mutuamente excludentes. No entanto, nesse momento eles se unem. E os instrumentos pelos quais nós preservamos e reacessamos aquele encontro entre o divino e o humano são as próprias letras. Elas não apenas incorporam o conteúdo do que aconteceu no Sinai, como pode-se dizer que as letras do texto sagrado são uma espécie de encarnação — palavra tornada substância. Uma palavra falada se perde para nossos ouvidos apenas um instante depois de pronunciada. Com uma boa memória auditiva, ela pode sobreviver por alguns dias. Mas, quando ela é escrita, como a cultura ocidental demonstra amplamente, a palavra dura de geração a geração. Congelada na página, ela está para sempre à espera de uma próxima voz que lhe dê som e vida. E o mecanismo dessas palavras consiste, é claro, nas letras do alfabeto.

Mas não é só isso. Mesmo Deus, o Eu Divino, usa as letras e palavras para criar o mundo. "E disse Deus... e assim foi...!" Portanto, as letras não são apenas o meio pelo qual o Sinai reverbera — são também os instrumentos da criação. As palavras e letras literalmente criam a realidade.

Alguns foram ainda além. Sugerem que as letras da Torah são elas mesmas uma manifestação de Deus. As letras da Torah são o mais próximo que podemos alcançar da visão de Deus. Gershom Scholem, o historiador maior do misticismo judaico, cita o cabalista do século XIV Menahem Recanati, que o diz explicitamente: "(...) As letras [do nome de Deus e da Torah] são o corpo místico de Deus, enquanto Deus, por assim dizer, é a alma das letras".

É o que queremos dizer com a afirmação de que as letras são sagradas.

Nessas variadas, místicas e às vezes fantasiosas meditações sobre as letras do alfabeto hebraico, Richard Seidman nos introduz a tudo isso. Oferece ao leitor ao mesmo tempo uma forma contemporânea do milenar caso de amor do judaísmo com as letras do alfabeto hebraico e um inteligente convite para ingressarmos no diálogo.

Prefácio

Há vários anos, durante um seder de Páscoa, na casa de minha amiga Abby, tive, pela primeira vez, uma experiência de um judaísmo vivo, vibrante e espiritualmente gratificante.

Minha educação judaica havia sido insensibilizante. Freqüentei a escola de hebraico apenas o tempo suficiente para aprender o mínimo necessário ao Bar Mitzvah. Isso envolvia aprender a pronunciar palavras hebraicas, sem saber o que significavam. As perguntas que eu tinha sobre Deus eram repelidas ou ignoradas pelos rabinos e professores. Era como se estivessem todos cansados de seus empregos diários.

Agüentei os berros do cruel cantor que me instruíra para o Bar Mitzvah e enfrentei a cerimônia, aliviado pelo fato de que a longa ordália estava quase terminada. Então estava livre. Deixei o judaísmo para trás, acreditando que era um caminho sem vida, arrogante e hipócrita. Mais tarde, acrescentei "sexista" e "antropocêntrico" à minha lista de críticas.

Os anseios e aspirações espirituais, no entanto, logo surgiram. Pouco depois da faculdade, tornei-me um sério estudioso do zen-budismo, e depois, durante vários anos, da ciência cristã, antes de retornar à prática do zen. Comecei a participar de tendas do suor tradicionais dos nativos e de outras cerimônias indígenas. Estudei os ensinamentos mitopoéticos de Joseph Campbell, Robert Bly, Michael Meade e outros. Durante mais de vinte anos, práticas religiosas de diversas formas, mas não judaicas, estavam no centro da minha vida.

Embora os pais de minha mãe tivessem sido criados em Medzibozh, na Ucrânia — terra natal de um grande místico, o Baal Shem Tov —, continuei ignorante de todas as formas de judaísmo além dos estéreis templos reformados e conservadores de minha juventude e dos templos ortodoxos fundamentalistas que apareciam nos noticiários.

O seder na casa de Abby abriu meus olhos. Era possível um judaísmo alegre, extático, profundo, prático, realista e não-sexista? Alguns anos depois, li o livro de Rodger Kamenetz, *The Jew in the Lotus* [*O Judeu no Lótus*]. Encontrei ali outras provas de um judaísmo vital e dinâmico, juntamente com retratos de outros que combinavam caminhos budistas e judaicos.

Mais ou menos nessa época, um xamã de nome Martín Prechtel fez para mim uma cerimônia divinatória tradicional maia. Recomendou que eu aprendesse um pouco de hebraico. Disse que meus ancestrais haviam sido consumidos por um grande fogo, e que parte de meu destino era ajudar a fazer com que suas vozes desaparecidas voltassem à vida.

Por meio de Abby, conheci o rabino Aryeh Hirschpield. Discípulo dos influentes professores, o rabino Shlomo Carlebach e o rabino Zalman Schacter-Shalomi, Aryeh era a prova viva de que um judaísmo esclarecido, humanitário, humoroso e profundamente espiritual é possível. Comecei a freqüentar os serviços da Renovação Judaico que ele conduzia.

Aos poucos comecei a ver como os diversos caminhos espirituais que eu seguira ressoavam entre si. Para mim, não era mais uma questão de judaísmo *versus* budismo *versus* práticas indígenas. Cada qual tinha uma integridade própria, e cada um falava a mim de um modo diferente. O judaísmo era, no entanto, a religião de meus ancestrais, e eu considerava importante ser reconectado a essa parte profunda de minha herança.

Em 1997, fiquei intrigado com o folclore e os ensinamentos místicos relativos ao alfabeto hebraico. Conforme eu aprendia, muitos de meus interesses permanentes foram encontrando seu foco no *Aleph Beit*. Para cada letra existe um arquétipo, e cada letra é um *koan*, e cada letra é um sonho, e cada letra é um poema.

Comecei a estudar seriamente o *Aleph Beit*. Conforme eu estudava, as letras foram ganhando vida para mim. Adquiri um gosto pela sutileza e profundidade da língua hebraica. Palavras familiares como *shalom* ou *mayim* adquiriam um significado mais profundo conforme eu ganhava maior intimidade com as letras que as compunham. Como sonhos ou arquétipos ou poemas, as letras, percebi, poderiam servir como guias ou mestres, iniciando-nos em níveis mais profundos de intuição e conhecimento espiritual. Eu lia como Abraão Abulafia e outros místicos judeus meditavam sobre as letras e as usavam exatamente do mesmo modo.

Embora as letras conservem seu antigo poder arquetípico, achei a maioria dos livros contemporâneos escritos em inglês sobre o *Aleph Beit* enigmáticos, confusos e muito secos. Decidi escrever *O Oráculo da Cabala* com a intenção de que, sob a forma de um livro e um baralho, os ensinamentos tradicionais sobre as letras fossem apresentados de maneira agradável, clara, prática e acessível.

Este livro é informado pelas perspectivas reunidas durante duas décadas e meia de meditação, estudo, prece e investigação. *O Oráculo da Cabala* se vale de outras tradições, especialmente o zen, para ampliar ou dar clareza a seus temas, mas sem deixar de lado o fundamento no judaísmo tradicional e místico.

Quando comecei a consultar *O Oráculo da Cabala* para orientação e *insight*, e a ajudar os amigos a fazer o mesmo, as palavras falavam a nós com clareza. Quando, por exemplo, uma amiga, apesar de dúvidas e confusões, estava para viajar pelo país, ela selecionou *Beit*, símbolo da casa e da bênção. A mensagem era clara: ela poderia aspirar a encontrar um senso interior de lar no qual pudesse enraizar-se, mesmo viajando para lá e para cá. Ela poderia santificar o lugar onde estava em vez de estar sempre procurando um lugar melhor. Além disso, ela podia manter sua intenção de ser uma bênção para as pessoas que encontrasse durante suas viagens.

Uma mulher, diante de uma doença que punha em risco sua vida, escolheu *Gimmel*. Esse signo do camelo reassegurou-lhe de que possuía, como um camelo, os recursos de que precisava para passar por sua amedrontadora experiência de "deserto". Inspirada pelo conselho de *Gimmel* de praticar atos de bondade amorosa, essa mulher, em vez de ficar presa numa armadilha de autopiedade, rededicou-se a estender seu amor àqueles que encontrasse.

Um outro amigo estava apreensivo quanto a matricular-se num *workshop* de dança e tai chi de uma semana de duração. Com mais de cinqüenta anos e muito tímido, jamais havia dançado muito. Esse curso era uma tentativa de encontrar um jeito novo e mais livre de movimentar-se, mas ele estava nervoso. Seria ele velho demais, duro demais, desajeitado demais? A letra que selecionou, *Chet*, alimentou nele seu sagrado *chutzpah*, a fim de que enfrentasse seu medo e passasse pelas portas da transição para um novo nível de experiência.

No século XIII, Abraão Abulafia escreveu sobre o *Aleph Beit*: "Cada letra representa todo um mundo para o místico que se abandona a sua contemplação".

Espero que explorar esses mundos seja útil, inspirador e prazeroso para você, como foi para várias gerações que nos antecederam.

Introdução

As Letras da Criação

A palavra hebraica para "letra", אוֹת, *ot*, significa também "sinal", "prodígio" ou "milagre". Há milhares de anos os sábios judeus vêm ensinando que as letras do alfabeto hebraico, o *Aleph Beit*, incorporam poderes maravilhosos e miraculosos. De acordo com o mais antigo livro conhecido sobre misticismo judaico, *The Sefer Yetzirah* (*O Livro da Criação*), escrito há mais de quinze séculos, Deus formou todo o universo pronunciando as vinte e duas letras. A partir do vazio do silêncio, com a vibração da fala cósmica de Deus, todas as coisas nasceram. "E disse Deus: 'Haja luz. E houve luz'"*.

Como manifestações da fala de Deus, as letras do *Aleph Beit* são portanto os blocos energéticos e vibracionais da criação. São análogas a elementos físicos. Assim como, por exemplo, um átomo de gás oxigênio se une a dois átomos de gás hidrogênio para formar uma molé-

---

* A tradução das citações bíblicas é de João Ferreira de Almeida, com adaptações quando necessário (N. do T.).

cula de água, uma letra se combina a outra, do mesmo modo, criando novos entes. Diz a rabina Marcia Prager: "Essa percepção das palavras e letras hebraicas como elementos espirituais constitutivos da existência constitui a base da maior parte da doutrina mística judaica".

As letras são arquétipos. Cada uma expressa um poder primordial ou energia criativa específica. ב, Beit, por exemplo, é o signo de "casa". מ, Mem, é a letra da água e do ventre. David Abram o expressa do seguinte modo: "Para os cabalistas, cada letra do Aleph Beit tem sua própria personalidade, sua própria magia profunda, seu próprio modo de organizar toda a existência em torno de si".

A obra-prima do misticismo judaico do século XIII, o Zohar, O Livro do Esplendor, diz: "Pois quando o mundo foi criado, foram as letras celestiais que deram início a todos os mecanismos do mundo inferior, literalmente segundo seu padrão. Portanto, quem tiver delas um conhecimento e observá-las é amado na terra e no céu".

Durante séculos os místicos e eruditos judeus vêm cultivando o conhecimento e a observação do Aleph Beit, e um vasto folclore e tradição mística surgiu em torno das letras. No século XIII, Abraão Abulafia desenvolveu práticas para meditar sobre as letras que formam os nomes sagrados de Deus. Ele ensinou como permutar e combinar essas letras de modo a evocar estados espirituais elevados.

Abulafia e outros cabalistas criaram elaboradas teorias relativas ao papel de cada letra, sua força numérica e sua posição especial na criação e formação das palavras da Torah.

Eles acreditavam no poder das letras hebraicas de afetar a realidade de maneiras profundas. Alguns rabinos e estudiosos invocavam, por exemplo, fórmulas na tentativa de criar *golems*, criaturas antropomórficas feitas de argila. A palavra "fórmula" indica os poderes mágicos inerentes à combinação das letras. Uma fórmula bastante conhecida, a palavra encantatória "abracadabra", talvez derive do hebraico אברא כאדברא, *abra k'adabra*, que significa literalmente "eu crio ao falar".

O poder das letras de manifestar-se como objetos físicos se reflete na raiz comum dos termos hebraicos para "palavra" e "coisa", דבור, *dibur*, e דבר, *davar*. As palavras são coisas, e as coisas são palavras manifestadas.

Na Torah, os Dez Mandamentos não são chamados de "Mandamentos", mas de *aseret ha'debrot*, os "Dez Pronunciamentos" ou "Dez Frases". O *Zohar* descreve como a voz de Deus criou as tábuas que continham os Dez Pronunciamentos: "Quando surgiram, as letras eram muito refinadas, entalhadas com precisão, brilhantes, cintilantes. Todo Israel viu as letras voarem pelo espaço, em todas as direções, e gravarem-se nas tábuas de pedra".

No século XVIII, surgiu na Europa oriental o movimento conhecido como hassidismo. Era liderado por Israel ben Eliezer, conhecido como o Baal Shem Tov, ou o Mestre do Bom Nome. Já havia existido outros Baal Shems ou Mestres do Nome antes de Israel ben Eliezer. O título aludia à mestria na habilidade de combinar e permutar as letras do nome sagrado de Deus para fins de cura e bênção. O Baal Shem Tov ensinou uma forma jovial e acessível de misticismo. Rejeitando a visão legalística do judaísmo rabínico tradicional, o Baal Shem Tov e seus seguidores enfatizavam o poder da prece simples e sincera. Essa atitude se reflete nas histórias didáticas relativas ao *Aleph Beit*.

Numa delas, um pobre fazendeiro judeu ia para a cidade a cavalo para orar na sinagoga pelo Yom Kippur. Mas uma forte neblina baixou sobre o campo e ele não conseguiu se orientar. Quando veio a escuridão, ele se perdeu na floresta e teve de passar a noite do Yom Kippur ali, sozinho.

O fazendeiro não tinha nenhum livro de preces. E não sabia as preces de cor. Cheio de angústia, clamou: "Oh, Deus, o que posso fazer? Como posso rezar para vós?" Então lembrou-se do alfabeto que aprendera na infância. Disse: "Já sei. Vou recitar todas as letras do *Aleph Beit* e Vós, o Santíssimo, conheceis todas as palavras e podeis juntar as letras para formar as preces certas do Yom Kippur". Assim, passou a noite inteira repetindo continuamente as letras.

Ao ouvir essa história, o Baal Shem Tov disse que essa prece humilde não apenas havia sido agradável a Deus como seu poder era tão grande que muitas pessoas, mesmo entre as mais eruditas, tiveram suas preces aceitas naquele Yom Kippur apenas por causa da sinceridade e pureza do *Aleph Beit* daquele simples fazendeiro.

A atitude de que cada letra do *Aleph Beit* é sagrada se revela no modo como se faz um rolo da Torah. Toda Torah é manuscrita. Não pode haver uma só letra omitida, rasurada ou borrada, e nenhuma letra pode tocar outra. Se isso acontecer, todo o rolo é considerado inválido.

Em *Nine Gates to the Hasidic Mysteries* [*As Nove Portas dos Mistérios Hassídicos*], Jiri Langer diz: "Quando um livro está tão desgastado que não se pode mais usá-lo, o curador o leva para o cemitério e o enterra. Nem mesmo o mais ínfimo pedaço de papel contendo caracteres hebraicos pode ser deixado ao léu ou pisado; é preciso enterrá-lo. Pois cada letra hebraica é um nome de Deus".

Há séculos os místicos judeus (e também alguns cristãos) vêm recorrendo a esses "nomes de Deus" para orientação e inspiração. Há séculos as pessoas vêm meditando sobre as letras e refletindo sobre seus poderes especiais. Ao tentar ganhar intimidade com os blocos da criação, esses buscadores espirituais anseiam conhecer mais intimamente o Criador. O Baal Shem Tov ensinou: "Entre em cada letra com toda a sua força. Deus habita cada letra e, ao entrar, você se une a Deus".

Inspirando a Linguagem: Respiração e Ausência de Vogais no Hebraico Antigo

As letras hebraicas representam apenas sons consonantais. As vogais são acrescentadas pela respiração do leitor. No hebraico moderno, as vogais são indicadas por símbolos inseridos acima, abaixo ou ao lado das consoantes. No hebraico moderno, por exemplo, a palavra *shamayim*, "paraíso", é שָׁמַיִם, e os símbolos abaixo do *Shin,* שׁ, do *Mem*, מ, e do *Yud,* י, mostram as vogais. Em hebraico antigo, é simplesmente שמים.

Ler hebraico antigo é, portanto, uma experiência profundamente interativa. A língua só ganha plena vida em voz alta. David Abram diz: "As letras e textos hebraicos não são suficientes em si mesmos; para ser lidos, precisam ser enriquecidos, vivificados pela respiração do leitor".

Não apenas o leitor inspira o texto com sua respiração como a ausência de vogais escritas obriga o leitor a envolver-se ativamente no texto para decidir que vogais inserir. Abram prossegue: "Não há um significado único, definitivo; a ambigüidade imposta pela ausência de vogais escritas permitia que sempre fossem possíveis diversas leituras, diversas gradações de sentido".

Apesar dessa ambigüidade, o hebraico antigo conserva uma eloqüência poderosa. Na introdução a sua tradução do *Gênesis*, Stephen Mitchell diz: "A dignidade [do hebraico antigo] vem de sua suprema simplicidade. É uma língua concisa e de uma poderosa concretude, austera no vocabulário, direta na sintaxe e frugal nos adjetivos e advérbios — uma língua que pulsa com a energia das verdades humanas fundamentais".

ADIVINHAÇÃO NO JUDAÍSMO: ABOMINAÇÃO OU FONTE DE ORIENTAÇÃO DIVINA?

A adivinhação sempre foi vista com ambivalência na história do judaísmo. Por um lado, há a forte prescrição do Deuteronômio: "Entre ti se não achará quem faça passar pelo fogo o seu filho ou a sua filha, nem adivinhador, nem prognosticador, nem agoureiro, nem feiticeiro; nem encantador de encantamentos, nem quem consulte um espírito adivinhante, nem mágico, nem quem consulte os mortos: pois todo aquele que faz tal cousa é abominação ao Senhor; e por estas abominações ao Senhor teu Deus as lança [às outras nações] fora diante dele. [Por isso] Perfeito serás, como o Senhor teu Deus" (Deu. 18:10-13).

Por outro lado, o povo judeu pratica continuamente variadas formas de adivinhação. Na época do Templo, o sumo sacerdote consultava *Urim e Thumim*, o "peitoral do juízo" oracular (Êx. 28:15-30). Depois da queda do Templo, Urim e Thumim foram perdidos, mas várias outras práticas divinatórias permaneceram populares entre o povo comum.

A partir da era talmúdica, os rabinos, reconhecendo essa antiga e duradoura tendência humana, e procurando conciliá-la com o decreto do Deuteronômio, desenvolveram uma distinção entre "adivinhação" e "sinais". Consideraram impróprio procurar prever ou influenciar o futuro por meios magnéticos, que denominaram "adivinhação", mas aceitável a tentativa de aprofundar o conhecimento individual ou pedir orientação divina a partir de "sinais". Em muitos casos, essa distinção era mais semântica do que prática. A *Encyclopaedia Judaica* afirma: "Às vezes a distinção entre adivinhação e sinais é tão sutil que é quase imperceptível".

A palavra hebraica para "letra" significa também "sinal", e há centenas de anos os místicos judeus vêm consultando os sinais do *Aleph Beit* como meio de aprofundar sua visão. Abraão Abulafia, por exemplo, escreveu, no século XIII, que "as letras são inquestionavelmente a raiz de toda a sabedoria e conhecimento, e elas próprias formam a substância da profecia. Nas visões proféticas, as letras aparecem como se fossem corpos sólidos, falando realmente com o indivíduo".

Entre as demais formas antigas de adivinhação comuns entre os judeus estavam:

- lançar sortes (o uso atual da palavra *"lot"**, como na frase *"one's lot in life"***, ou para descrever um lote de terra, deriva dessa prática);

---

* "Sorte", "destino"; mas também "parte", "lote", "quinhão" (N. do T.).
** "A parte que nos cabe", "nosso quinhão na vida" (N. do T.).

- atirar flechas no ar e observar seus padrões de queda e aterrissagem;
- descobrir padrões na água contida num cálice;
- lançar ossos e observar os padrões formados;
- ler a palma da mão (o famoso rabino do século XVI Isaac Luria foi um dos vários místicos a desenvolver um sistema de quiromancia, ou leitura da palma da mão, com base na teoria cabalística);
- abrir a Bíblia ao acaso e verificar o significado da primeira palavra ou frase onde cair nosso dedo, ou nossos olhos.

O Oráculo da Cabala e a Adivinhação

O Oráculo da Cabala pode servir como oráculo e meio de adivinhação. Uma das definições de "oráculo" é "expressão ou resposta autorizada ou sábia". Vem da palavra latina que significa "falar". É apropriado que essas letras "falem" conosco, pois elas são representantes escritas da fala humana e, no pensamento judaico, também os agentes por meio dos quais a fala de Deus traz todas as coisas à existência. Ouvir o oráculo dessas letras, portanto, pode ser um caminho para se ouvir a palavra da Criação.

Há duas definições básicas da palavra "adivinhação". A primeira é "arte ou prática que busca prever ou vaticinar eventos futuros ou descobrir conhecimentos ocultos, normalmente por meio de augúrios ou com a ajuda de poderes sobrenaturais". O segundo significado de adivinhação é "visão ou percepção intuitiva incomum".

Embora não preveja nem vaticine eventos futuros, *O Oráculo da Cabala* lhe proporciona, no entanto, uma perspectiva de sua situação atual e apresenta considerações que você deve ter em mente ao ponderar sobre os possíveis cursos de ação. Permita às letras ativar sua visão e sua percepção intuitivas e elas lhe servirão como uma espécie de vara divinatória, levando você a correntes de pensamento e vida subjacentes à superfície das coisas. "Olhe para essas letras sagradas com verdade e fé", escreveu Abraão Abulafia há setecentos anos, "e seu coração despertará para imagens mentais santas e proféticas".

O Oráculo da Cabala torna o poder das letras hebraicas acessível e prático às pessoas de hoje. As cartas podem ser, para o leitor moderno, um meio precioso e agradável de ingressar no mundo profundo dessas letras. Não é necessário um conhecimento do hebraico. Os principais requisitos são uma mente curiosa, um coração receptivo e um espírito brincalhão, ou mesmo de criança.

As cartas e o texto representam meramente uma introdução à complexidade do alfabeto hebraico. Há vários livros disponíveis em inglês que exploram o assunto de modo muito mais completo. Na bibliografia da página 185 você encontrará sugestões para um estudo mais aprofundado.

A Arte de Consultar o Oráculo da Cabala

Para usar as letras como meio de adivinhação, formule sua pergunta, escolha uma carta e veja os caminhos potenciais e as lições reveladas pela letra. Como se mencionou acima, אוֹת, *ot*, "letra" em hebraico, significa também "sinal", "símbolo" ou "milagre". (Como o hebraico é lido da direita para a esquerda, אוֹת começa com a primeira letra do *Aleph Beit* e termina com a última.) O livro de Isaías diz: "Pede para ti ao Senhor teu Deus um sinal [uma letra]; pede-o ou embaixo nas profundezas ou em cima nas alturas" (Is. 7:11). Sua intenção, ou *kavanah*, ao perguntar é crucial. Se você elevar ou aprofundar sua *kavanah*, a resposta das cartas vai atingi-lo de maneira muito mais elevada ou profunda.

O modo básico de usar essas cartas é ficar em silêncio durante alguns minutos e entrar numa atitude receptiva e meditativa. Respire três vezes, lenta e profundamente, a partir do abdômen. Formule uma pergunta para a qual você busca a orientação do *Aleph Beit*. Evite perguntas do tipo "sim" ou "não". Uma boa pergunta genérica seria:

"Que perspectiva sobre esse assunto me ajudaria a agir da melhor forma?" Reze pedindo inspiração e receptividade.

Em seguida, com a pergunta em mente, embaralhe as cartas e espalhe-as, com a face para baixo, numa mesa, ou em sua mão. Selecione uma carta e descubra qual o sinal revelado a você. Consulte a descrição dessa letra no texto e veja como as idéias ali contidas correspondem à sua situação ou pergunta ou a iluminam. Medite sobre as associações da letra e também sobre o tom emocional que ela invoca em você. Esteja receptivo a qualquer vislumbre de intuição que possa surgir.

Abraão Abulafia aconselhava os alunos a concentrar-se nas letras "em todos os seus aspectos, como uma pessoa a quem se conta uma parábola, uma charada ou um sonho, ou como alguém a refletir sobre um livro de sabedoria a respeito de um assunto muito profundo..." Reflita sobre a resposta para sua pergunta como se refletisse sobre uma charada ou um sonho.

Transforme-se, em sua imaginação, na letra. Você não é simplesmente alguém que "escolheu", por exemplo, a letra *Dalet*, que significa "porta" — você é a própria porta se abrindo. Você não é simplesmente um ser humano que por acaso tirou o *Gimmel*, símbolo do camelo — você é o camelo, caminhando imperturbável por um deserto. Você não é simplesmente uma pessoa lendo sobre *Nun*, a energia do "peixe" — você é o próprio peixe, nadando nas inconstantes águas da vida. Experiencie as cartas desse modo e elas falarão a você mais intimamente. Como escreveu o rabino Abraham Joshua Heschel, "o caminho supremo não é ter um símbolo, mas *ser um símbolo* — significar o divino".

Um outro modo de usar as cartas é selecionar uma e meditar sobre ela, traçando-lhe cuidadosamente a forma em sua imaginação e verificando que pensamentos, imagens, sentimentos ou inspirações ela suscita. Os místicos judeus descrevem as letras negras sobre a página branca da Torah como "fogo negro sobre fogo branco". Visualize as letras desse modo, como fogo, e elas ganharão vida com uma vibrante energia. Depois disso, você pode optar por consultar o texto para verificar como as idéias ali contidas correspondem às suas próprias descobertas; você pode também simplesmente contentar-se com os frutos de sua própria meditação.

Entre os bons momentos para consultar o *Aleph Beit* estão:

- logo ao acordar de manhã — para estabelecer um tema para o dia que começa.
- depois de um período de prece ou meditação — para verificar quais as visões adicionais surgidas num estado de silêncio interior e receptividade.
- ao nascer do sol ou ao pôr-do-sol — para marcar os dois limites do dia.
- na época do *Rosh Chodesh*, a lua nova — para estabelecer um tema para o mês que começa.
- no *Shabbat*, ou Sabbath — para concentrar nossas preces durante esse dia de descanso e renovação.
- no *Havdalah*, a cerimônia que marca o fim do *Shabbos* e o início da nova semana — para estabelecer um tema para a semana que começa.
- antes de dormir — para favorecer a entrada do poder arquetípico das letras em nossos sonhos.
- antes de embarcar numa viagem — para conhecer as oportunidades de crescimento espiritual enquanto se estiver longe de casa.

Os antigos praticantes cabalistas relatavam que, depois de períodos de meditação sobre o alfabeto, as letras ganhavam vida e começavam a falar. Outros diziam ver as letras criar asas e voar da superfície da página. Mesmo que sua experiência não seja tão dramática, é possível que as letras falem com você em silêncio.

Para quem conhece o hebraico, as cartas podem ser combinadas para formar palavras. É possível obter novas visões com a observação dessas palavras, à medida que conhecemos com mais profundidade o significado das letras que as compõem. Os valores numéricos tradicionais de cada letra estão indicados na carta, para aqueles que se interessam por *Gematria* — o cálculo do valor numérico das palavras hebraicas e a busca de conexões com outras palavras ou frases de mesmo valor.

Cada capítulo começa com uma descrição dos significados básicos associados à letra do capítulo. (Em muitos casos, o nome da letra denota um objeto ou conceito específico. O nome da letra *Beit*, que se escreve בית, significa, por exemplo, "a casa de". *Tav*, que se escreve תו, significa "uma marca" ou "um selo".)

Depois dos significados há sugestões dos vários modos como as energias daquela letra podem se aplicar em nossa vida ou informar nossa pergunta. Em seguida, discute-se a sombra, ou os aspectos problemáticos da letra. Depois vêm os comentários pessoais do autor, seguidos de um resumo do capítulo. O resumo inclui uma "reflexão" — uma pergunta para meditar a fim de tornar os ensinamentos da letra mais pessoais e imediatos.

Ao fim do resumo há uma ação sugerida — uma espécie de *mitzvah* para aquela letra específica. A palavra *mitzvah* é geralmente traduzida como "mandamento" ou "boa ação". Sua raiz, porém, é "conexão". Essas ações sugeridas são exemplos de formas de conectar, de modo tangível e prático, com o poder de cada letra. Não são mandamentos, certamente, embora em alguns casos possam inspirar boas ações.

Divirta-se com essas letras. Trate-as com respeito, mas também com um espírito de brincadeira, e elas serão suas amigas. Que as letras do *Aleph Beit* estimulem sua mente. Que lhe proporcionem orientação e direcionamento para suas ações e palavras. Que elas toquem seu coração como o som de um *shofar*. Que elas o ajudem a sentir-se mais próximo do grande Mistério e de todos os seres.

UM

ALEPH

(álef)

SOM: silencioso*
VALOR NUMÉRICO: 1; 1.000; inumerável

Significados

Aleph e *aluph* — em hebraico, "líder" e "chefe" — têm a mesma raiz, אלף. O *Aleph*, primeira letra do *Aleph Beit*, é o chefe de todas as letras que o seguem.

No sistema numérico hebraico, em que cada letra representa um número, o *Aleph* equivale ao número um. É também a primeira letra da palavra "um", אחד, *echad*. O *Aleph* simboliza o ensinamento central do judaísmo: o de que Deus é um.

O *Aleph* é a primeira letra da primeira palavra dos Dez Mandamentos: אנכי, *anoki*, "eu". Todos os 613 mandamentos da Torah seguem a liderança desse chefe. Todos os mandamentos remetem sua essência ao *Aleph*, símbolo do Santíssimo.

Ao mesmo tempo, no entanto, o *Aleph* tem a mesma raiz, אלף, de *eleph*, o número mil em hebraico. Isso denota tanto o numeral es-

---

* No hebraico moderno, quando há um símbolo de vogal sob o *Aleph*, o som dessa vogal é pronunciado. O *segol*, por exemplo — os três pontinhos abaixo do Aleph em אֱלֹהֵינוּ, *eloheinu* —, indicam o som "e".

pecífico 1.000 como também uma quantidade muito grande, inumerável. O *Aleph*, incorporando ao mesmo tempo a unidade e a multiplicidade, é assim o fator primordial da criação, liderando as outras letras em sua combinação para formar os fenômenos do universo.

Essa letra de simultânea unidade e inumerabilidade inicia vários nomes de Deus: אלה, *Eloha*; אל, *El* e *Al*; אדני, *Adonai*. אלהים, *Elohim*, é um nome de Deus que, por terminar com o sufixo plural, *"im"*, significa literalmente "Deuses". Isso sugere que um só "Deus" inclui vários espíritos ou forças divinas. Deus é simultaneamente um e muitos.

Um outro nome de Deus é אין סוף, *Ein Sof*, literalmente o "Sem Fim". O *Ein Sof* tem parentesco com a palavra אין, *ayin*, que começa com um *Aleph* e significa "nada". Aryeh Kaplan explica que uma das conotações da expressão *Ein Sof* é "o Nada Absoluto". Toda criação nascida desse Nada Absoluto é em si mesma absolutamente nada. A essência do *Aleph* e de nossas vidas é, portanto, o nada. Pode-se constatar isso quando, por exemplo, examinamos a natureza de nossa mente. Não conseguimos reter a mente passada; não conseguimos captar a mente futura; e mesmo o presente é fugaz e elusivo. Nossa mente, como o *Ein Sof* e o *Aleph*, é impossível de assimilar; está ao mesmo tempo vazia e cheia.

O paradoxo do Nada Absoluto é que ele é tão vasto e abrangente, sem começo nem fim, que é também a Unidade Absoluta. Unidade Absoluta, Nada Absoluto — o *Aleph* incorpora ambos.

A essência de nada do *Aleph* se reflete em seu som. Ele não existe. A primeira letra do *Aleph Beit* é silenciosa! O *Aleph* é o som que existe antes do som. O *Aleph* está tão próximo da essência divina, no limiar do nada sagrado do qual emergem o som e a forma, que não é possível limitá-lo a um som específico. Nós "pronunciamos" o *Aleph* abrindo a boca e não dizendo nada, como se estivéssemos mudos de espanto e maravilhamento.

O *Aleph* dá forma ao que não tem forma. Torna sólido o que não é tangível. Ao mesmo tempo, o *Aleph* conserva a condição pré-alfabética, anterior à criação, de quando "a terra era sem forma e vazia" (Gên. 1:2).

Desse vazio, surge vividamente a existência, num lampejo. Deus diz: "haja luz"; e surge a luz. Do nada, a terra, o ar e o fogo tomam forma. Os três começam com *Aleph*: אדמה, *adamah*, "terra"; אויר, *avir*, "ar", e אש, *esh*, "fogo".

APLICAÇÃO

Quando o *Aleph* se materializa em nossas mãos, é uma oportunidade de nos lembrarmos do que é principal. O *Aleph* indica um momento de despojar-se do supérfluo e voltar ao básico, ao essencial, àquilo que é fundamental em nossa existência. Quais são nossas prioridades? Em que ponto da vastidão do universo vamos concentrar nossas energias?

O *Aleph* é uma letra transcendente que ao mesmo tempo se adapta aos elementos físicos. Quando selecionamos o *Aleph*, temos um grande desafio: fixar-nos na terra, no ar e no fogo da vida cotidiana e ao mesmo tempo permanecer conscientes do vazio cósmico do *ayin*, do nada.

"Perguntaram ao rabino Aaron de Karlin o que aprendera de seu mestre, o Grande Maggid. 'Absolutamente nada', disse ele. E, quando insistiram para que explicasse o que queria dizer com isso, acrescentou: 'O absolutamente nada é o que aprendi. Aprendi o sentido do nada. Aprendi que sou absolutamente nada — e que, apesar disso, Eu Sou'."

A ambigüidade básica da existência que o rabino Aaron descreve é expressa pelo *Aleph*. A palavra "ambigüidade" tem um sentido original de "avançar em duas direções". O *Aleph* avança em duas direções: para a unidade e para a inumerabilidade, para o nada e para o Eu Sou. O sutra budista do "Coração da Sabedoria Perfeita" descreve a mesma dinâmica: "Forma é exatamente vazio, vazio é exatamente forma".

O rabino Yerachmiel Ben Yisrael o expressou da seguinte maneira: "Deus deve ser ao mesmo tempo *Yesh* e *Ayin*, Ser e Vazio. *Yesh* e *Ayin* residem na totalidade (*shlemut*) de Deus e são expressões dela".

Como é possível abarcar ao mesmo tempo forma e vazio, algo e nada? Como é possível perceber a unidade da criação na infinita variedade de suas formas? O reb Yerachmiel escreveu: "A finalidade do judaísmo não é outra senão a finalidade de qualquer religião autêntica: a unificação do *Yesh* e do *Ayin*, do Ser e do Vazio, na consciência desperta da humanidade". Como descobrimos a unidade de forças aparentemente tão conflitantes?

A forma da letra *Aleph* dá algumas pistas. Os sábios judeus ensinam que o Aleph representa: (1) um jugo de boi; (2) as águas superiores e inferiores, separadas pelo céu; e (3) uma escada. Cada uma dessas imagens nos dá alguma orientação para nos conciliarmos com a ambigüidade do *Aleph* — a ambigüidade de nossas vidas.

Além do fato de que a forma do *Aleph* lembra um jugo de boi (especialmente na sua forma histórica fenícia, mais antiga), a palavra *Aleph* está relacionada à palavra אלוף, *aluph* — "boi", em hebraico. O boi é um animal de enorme poder e força. Quando domado e subordinado, esse poder ajuda as pessoas a cultivar o campo e fornece o alimento da vida. "Pela força do boi há abundância de colheitas" (Prov. 14:4). O boi representa o poder espiritual que temos dentro de nós. O jugo simboliza a disciplina que controla essa incrível energia do boi e a direciona para fins positivos e frutíferos.

A prece central do judaísmo é a *Shema*: "Ouve, Israel, YHVH é nosso Deus, YHVH é Um"*. Para conhecer essa unidade, precisamos primeiro ter uma *kavanah*, ou intenção, de fazê-lo. Em seguida, precisamos do jugo de uma prática espiritual que nos ajude a preparar o solo de nossas mentes, corpos e almas para experienciar diretamente

---

* YHVH corresponde a יהוה, *Yud-Hei-Vav-Hei*. É o nome impronunciável de Deus, geralmente traduzido como "*Adonai*" ou "Senhor".

essa unidade. Esse jugo pode tomar a forma de prece diária, meditação, movimento atento ou estudo. O *Aleph* nos encoraja a aceitar pelo menos um desses jugos e começar a arar.

O grande rabino Isaac Luria ensinava que a forma do *Aleph*, incorporando a ambigüidade de avançar em duas direções, tem um outro tipo de significado. O *Aleph* é formado por uma letra *Yud* no canto superior direito e um *Yud* no canto inferior esquerdo, com a letra *Vav* posicionada diagonalmente no meio. No Gênesis, Deus diz: "Haja uma expansão no meio das águas, e haja separação entre águas e águas" (Gên. 1:6).

De acordo com o rabino Luria, o *Yud* superior significa as águas superiores, que simbolizam as alegrias de perceber-se próximo de Deus. O *Yud* inferior representa as águas inferiores, que simbolizam a amargura e a tristeza de perceber-se longe de Deus. O *Vav*, no meio, ao mesmo tempo separa e conecta essas duas águas. Há dois lados numa só vida espiritual, fluindo e refluindo como dois oceanos misteriosos.

O *Aleph* é, portanto, um equivalente judaico do símbolo do yin-yang, a imagem chinesa das tendências complementares. O *Aleph* abarca ao mesmo tempo a ambigüidade e o equilíbrio entre forma e vazio, separação e unidade, unicidade e inumerabilidade. O *Zohar* descreve essa situação: "O pranto se aloja num lado do meu coração, enquanto a alegria se aloja no outro".

O *Aleph* nos ensina a abarcar os dois lados da vida, a tristeza e a alegria, o amargo e o doce, para experienciar a integridade, a completude indivisa de nossas vidas. O *Aleph* revela o poder de enxergar pelo menos dois lados das diversas situações que enfrentamos, de conservar uma perspectiva dialética saudável.

A forma do *Aleph* representa uma escada em ascensão da direita para a esquerda. Jacó sonhou com uma escada posta na terra e alcançando o céu, pela qual os anjos de Deus subiam e desciam (Gên. 28:12-15). O *Aleph* é a conexão, a ponte que torna possível para os anjos, portadores das mensagens divinas, transitar livremente entre o celestial e o terreno, entre o mundo do vazio infinito e o mundo da forma singular, entre o inumerável e o uno.

Quando nos identificamos com o *Aleph*, nós nos tornamos o boi imperturbável a arar o campo, preparando o solo para um novo crescimento. Nós nos tornamos o céu e as águas, simultaneamente divididas e unidas. E nós nos tornamos a escada que faz a conexão entre céu e terra, formando a passagem por onde os anjos sobem e descem, abrindo o caminho para a comunicação com o Santíssimo.

E então, como Jacó ao acordar do sonho da escada, podemos dizer: "Na verdade o Senhor está neste lugar; e eu não o sabia (...). Quão terrível é este lugar! Este não é outro lugar senão a casa de Deus; e esta é a porta dos céus" (Gên. 28:16-17).

A SOMBRA DO *ALEPH*

Um dos perigos do *Aleph* é a paralisia da ambivalência. Quando vemos os dois lados, podemos tornar-nos como Hamlet, incapazes de escolher e de agir. Podemos incitar a nós mesmos à ação, mesmo reconhecendo que "não escolher" é em si uma escolha.

Por estar tão próximo do *Ein Sof*, do Nada Absoluto, o *Aleph* traz o perigo de levar ao niilismo, à crença de que a existência é sem sentido e inútil. Se nos desviamos até esse extremo, podemos retomar a outra direção para a qual se dirige o *Aleph*, para a forma e a plenitude. O *Aleph* avança nos dois sentidos. Podemos estar atentos à tendência de ficar presos num ou noutro lado da forma e do vazio.

COMENTÁRIOS PESSOAIS

O *Aleph* é difícil de assimilar. Como captar uma letra que não tem som? É como tentar pegar o vento numa rede de caçar borboletas. É melhor, acredito eu, não tentar e simplesmente desfrutar a brisa.

O *Aleph* me faz lembrar inícios, uniões, nascimento, promessa. O *Aleph* dá à luz o *Aleph Beit*. Dá à luz os Dez Mandamentos. Suas duas pequenas linhas se conectam por meio da espessa diagonal — a conexão, a cruz central. É onde estamos agora mesmo: bem no centro — no centro do universo, no centro da vida, no centro deste momento.

O *Aleph* é basilar, fundamental, ancestral. O *Aleph* é como uma pedra: já passou por tudo.

Resumo do *Aleph*

Valor Numérico:	1; 1.000; inumerável.
Significados:	Chefe. Unidade e multiplicidade. Ambigüidade. Boi. Forças elementais.
Aplicação:	Concentrar nossas energias no que é fundamental e basilar. Abrir-nos para a tristeza e a alegria da vida. Aceitar o jugo de uma prática espiritual.
Sombra:	Ambivalência. Niilismo.
Reflexão:	Quais são minhas prioridades? Em que ponto da vastidão do universo vou concentrar minhas energias?
Ação sugerida:	Feche os olhos. Ao abri-los, imagine que você acabou de nascer e está vendo, ouvindo, cheirando e sentindo as coisas deste mundo, inclusive seu próprio corpo, pela primeira vez. Experiencie o renascimento para o mundo em torno de você com um gosto mais intenso pela novidade de cada momento. Pratique isso algumas vezes hoje, em situações variadas.

DOIS

BEIT

ב

(bêit)

SOM: *B* ou *V*
VALOR NUMÉRICO: 2

Significados

בית, *Beit*, significa "a casa de", e *beiyit*, uma palavra aparentada, com a mesma raiz hebraica, quer dizer "casa" ou "lar". O *Beit* é a primeira letra da palavra ברכה, *brakha*, "bênção". O *Beit*, em corpo grande, é a primeira letra da Torah (בראשית, *bereishit* — "No princípio"). A íntegra da Torah começa, portanto, com a energia da bênção e o abrigo de um lar.

Para os primeiros judeus nômades, as casas eram tendas, moradias temporárias. Durante centenas de anos, os judeus vagaram morando em suas tendas e rezando em seus tabernáculos, mas ao mesmo tempo desejando por uma terra, procurando um lar fixo. Desejavam também, como expressa Isaías, que "a minha casa será chamada casa de oração para todos os povos" (Isa. 56:7) — que essa casa fosse uma casa de bênção não apenas para eles, mas para todos.

Aplicações

Todos procuram um lar. A letra *Beit* nos desafia a santificar, ou tornar sagrado, o lugar onde estivermos atualmente, mesmo enquanto vagamos, procuramos e ansiamos por nosso verdadeiro lar, por nossa morada original.

Nós sentimos o anseio, a tristeza, a sensação de deslocamento daqueles que são exilados de sua terra natal? Nós nos sentimos, como Moisés de algum modo, "peregrinos numa terra estranha?" Nós nos sentimos perdidos, longe de casa?

Quando isso acontece, o *Beit* nos oferece a esperança de poder encontrar também a liberdade dos primeiros israelitas, que instalavam suas tendas onde quer que se encontrassem e que depois fizeram do deserto seu lar, entre as paisagens inconstantes de suas vidas. Eram como aquela figura misteriosa conhecida como "Passolargo" no *Senhor dos Anéis* de Tolkien, que era conhecido pelo verso "Nem todos os que vagueiam estão perdidos".

Bashô, o poeta japonês do haicai, escreveu, no século XVII:

Percorrer o mundo
Para lá e para cá
Cultivando um campo.

Em meio a suas peregrinações, de um extremo ao outro da zona rural do Japão, Bashô encontrou seu lar, seu campo para cultivar, bem diante de si. Nós podemos encontrar o nosso também!

Um dos modos de nos sentirmos mais em casa no mundo é sentindo-nos em casa em nosso corpo. Respirar plenamente e profundamente é um modo fundamental de fazer isso. Respirando para o abdômen, voltamos para a casa que há em nós mesmos. Diz-se que nós não podemos estar em casa no mundo se não tivermos uma base no abdômen. Pode-se respirar profundamente agora mesmo. Pode-se praticar essa respiração abdominal, profunda, mas suave, todos os dias. Pode-se, por exemplo, respirar fundo sempre que o telefone toca, antes de atendê-lo. Pode-se respirar fundo quando se está esperando pelo sinal verde do semáforo, ou num elevador. Pode-se encontrar oportunidades regulares, diárias, de realmente fixar-se no *Beit* do abdômen.

O *Beit* nos convida a reconhecer a beleza, a maravilha, a santidade de nosso eu físico tal como ele é, sem considerações de forma, peso ou altura. Ao mesmo tempo, ele pode nos inspirar a tomar as medidas necessárias para proteger, nutrir e curar nosso corpo — prestando atenção, por exemplo, nos alimentos que fazemos entrar nessa casa santa, nesse recipiente alquímico que é nosso corpo.

O *Beit* é aberto para o lado esquerdo, aberto para o futuro (uma vez que o hebraico é lido da direita para a esquerda). Isso nos lembra de permanecer abertos para receber convidados, sejam eles viajantes ou novas idéias. Nossos modelos são Abraão e Sara, cuja tenda não tinha paredes e que espontaneamente acolheram três estranhos, sem perceber que eram anjos sob forma humana. O *Beit* nos estimula a estar abertos para o dar e receber da comunidade humana e da comunidade espiritual, e acolher os anjos, os "mensageiros do Altíssimo", em nossa consciência.

Quando fazemos isso, acolhendo pessoas e idéias, as paredes de nossa casa interior se expandem, e nossos lares se tornam *Batei Midrash*, santuários de estudo e conhecimento.

Ler, estudar e falar nos traz somente até aqui, porém. É possível ir além das palavras e da razão, além da idéia de unidade, para a experiência direta e vívida do *agora*. Hakuin, mestre zen japonês do século XVI, escreveu: "Com a forma que não é forma, você vai e vem sem jamais sair de casa". *Ein Sof* é um termo para o Nada Absoluto de Deus. Quando alcançamos o domínio que está além da forma, o *Ein Sof* do Santíssimo, estamos sempre em casa.

Abandonando nossas idéias preconcebidas, não nos apegando aos nossos pensamentos, sentindo o chão sob nossos pés e vendo o céu aberto sobre nós, podemos nos sentir em casa com as circunstâncias inconstantes de nossa vida. Então nossa casa, não importa o quanto ela seja frágil ou humilde, torna-se uma casa de oração para todos os povos, uma bênção para todos.

Quando ouvimos a voz do *Beit*, somos convidados a ponderar a natureza da bênção. O que significa abençoar? O que significa ser abençoado? Deus prometeu a Abrão que ele se tornaria uma bênção. Como podemos nos tornar uma bênção em nosso local, em nosso tempo, beneficiando as pessoas que encontramos e a própria terra, e beneficiando o que não vemos também? Uma das maneiras é tomar consciência do quanto nós já somos abençoados. A sensação de ser abençoados nos abre para a descoberta de maneiras tangíveis de abençoar os outros. O verdadeiro desafio, porém, é abençoar mesmo quando não nos sentimos assim, ou mesmo quando nos sentimos amaldiçoados. É possível abençoar nessas condições? O *Beit* desafia cada um de nós a manter a intenção de abençoar durante nosso percurso, para lá e para cá, pelas paisagens de nossa vida.

A Sombra do *Beit*

Há um risco em levar muito ao pé da letra o desejo de que nossa casa seja uma casa de oração para todos os povos. A crença de que nossa casa espiritual é melhor do que todas as outras, de que nosso modo de prática espiritual merece tornar-se predominante, tem justificado guerras, perseguições e atrocidades ao longo da história. Hoje existe até mesmo violência de judeus contra outros judeus com visões diferentes do que significa ser judeu. É um exemplo do perigo que inevitavelmente acompanha esse pensamento chauvinista. O *Beit* nos lembra de estar atentos à tendência, dentro de nós mesmos, a qualquer sentimento de superioridade hipócrita.

Comentários Pessoais

No início do século XX, meus avós fugiram dos *pogroms* e da perseguição na Polônia e na Ucrânia e embarcaram para os Estados Unidos. Como tantos imigrantes judeus, estabeleceram-se em Nova York. Construíram seu lar na cidade, entre os prédios altos e estações de metrô e milhões de pessoas, casando-se, criando os filhos, procurando empregos. E, meio século depois, eu nasci — mais um nativo de Nova York.

Mas, quando fiquei mais velho, eu não me sentia nativo de lugar nenhum. Estava cada vez mais perdido naquele estranho Novo Mundo de Nova York. Não era possível ver as estrelas à noite — havia luzes demais. Não era possível ver o sol nascer ou se pôr — havia prédios altos demais. Não era possível acompanhar os córregos — eles haviam desaparecido sob o concreto. E eu, de onde era? Qual era meu lugar?

O *Beit* me faz lembrar de casa. Traz consigo o tênue aroma de alguma coisa muito antiga, que já foi muito familiar. O *Beit* alimenta em mim a idéia de que, mesmo neste estranho país que são os EUA de hoje, ainda sou capaz, sim, de sentir um pouco daquele aroma poderoso, o aroma original, e mais uma vez estar em casa sobre a face da terra.

ב

Resumo do *Beit*

Valor Numérico: 2.
Significados: Casa. Bênção. Recipiente.
Aplicação: Respirar para o abdômen e encontrar sua casa.
Fazer de seu lar um *Beit Midrash*, uma casa de estudo.
Ser uma bênção.
Sombra: Sentir-se espiritualmente superior aos outros.
Reflexão: Quais seriam três maneiras específicas de ser uma bênção hoje?
Ação sugerida: Abençoe alguém hoje, em voz alta.

TRÊS

GIMMEL

ג

(guímel)

SOM: G
VALOR NUMÉRICO: 3

Significados

O *Gimmel* é a terceira letra do *Aleph Beit*. Tem a mesma raiz hebraica, גמל, da palavra *gamal*, "camelo". O formato da letra, com seu pescoço comprido, sugere um camelo, palavra derivada de sua antiga antepassada semítica. Uma palavra aparentada é *gamol*, "alimentado até desenvolver-se completamente ou desmamar".

O Talmud ensina que o "pé" do *Gimmel* está indo em direção à letra seguinte do *Aleph Beit*, *Dalet*, que significa "pobre", como uma pessoa rica indo ao encontro de um necessitado para fazer-lhe uma bondade.

O *Gimmel* representa o número três. É uma letra de estabilidade e equilíbrio, como um banquinho de três pernas. Ao mesmo tempo, *Gimmel* é a misteriosa terceira coisa criada depois do um do *Aleph* e do dois do *Beit*. O termo hebraico para "ponte", גשר, *gesher*, começa com a letra *Gimmel*. O *Gimmel* cria uma ponte, unindo a unidade do *Aleph* e a dualidade do *Beit* numa espécie de equilíbrio interior. Essa síntese prepara o caminho para a ação no mundo na forma de חסדים גמילות, *g'milut chasadim* — "atos de amor-bondade".

O Talmud afirma que o mundo repousa sobre três fundamentos: a Torah, a oração e os atos de amor-bondade. Pode-se dizer que o *Aleph* representa o ensinamento central da Torah, de que Deus é um, o *Beit* representa a casa de oração e o *Gimmel* é o terceiro fundamento, o das boas ações.

Aplicação

Quando selecionamos o *Gimmel*, estamos sendo levados a investigar nossa "natureza de camelo", a capacidade de nos nutrirmos a nós mesmos e aos outros, e com isso praticar atos de amor-bondade.

O camelo é um animal notável. É capaz de viajar longas distâncias pelo deserto, passando dias sem beber água, trazendo em seu corpo uma fonte interna de alimentação e reabastecimento. O *Gimmel* nos estimula, pois mesmo que estamos viajando por um deserto quente, seco e intimidante, já temos dentro de nós os recursos de que precisamos para sobreviver.

Não apenas temos o suficiente para nossas necessidades próprias como temos o suficiente para dividir com os outros e praticar atos de bondade. O *Gimmel* afirma que nós somos "ricos". Com essa abundância, o desejo de dividir se manifesta naturalmente em nós.

O falecido rabino Shlomo Carlebach nos conta uma história comovente sobre como encontrou um limpador de rua corcunda, em Israel, que quando criança, fora aluno do famoso "Rebbe do Gueto de Varsóvia", Kalonymus Kalman Shapira. O varredor de rua descreveu como o reb Kalonymus sempre terminava suas lições dizendo: "Crianças, preciosas crianças, lembrem-se de que não há nada no mundo maior do que fazer um favor a alguém".

Esse ensinamento deu ao limpador de rua a força para resistir ao suicídio e sobreviver ao campo de concentração de Auschwitz. "Você sabe quantos favores se pode fazer à noite em Auschwitz?", perguntou a Shlomo. Depois, esse ensinamento o ajudou a resistir ao desespero e à tentação de matar-se em Tel Aviv. "Você sabe quantos favores se pode fazer nas ruas do mundo?", perguntou.

Esse limpador de rua, corcunda (como um camelo) por ter sido espancado em Auschwitz, encontrara na prática dos atos de amor-bondade o próprio alimento e a capacidade de continuar vivo. O *Gimmel* lembra a todos nós: "Crianças, lembrem-se de que não há nada no mundo maior do que fazer um favor a alguém".

O símbolo do camelo pode indicar que alguém passou recentemente, ou ainda está passando, por algum tipo de experiência de "deserto". Isso pode tomar a forma de falta de dinheiro, saúde, amigos ou inspiração. O *Gimmel* nos estimula a acreditar em nossos próprios recursos interiores. Como o camelo, nós temos o que precisamos dentro de nós. Ainda que, como o camelo, nós talvez andemos lentamente, ou desajeitadamente, ou com dificuldade de começar, nós avançamos imperturbáveis pelo deserto. O *Gimmel* nos dá a certeza de que vamos sobreviver.

Não apenas temos o suficiente para sobreviver como temos o suficiente para compartilhar. Os ensinamentos do judaísmo enumeram boas ações específicas, como sepultar os mortos, escoltar a noiva até o dossel matrimonial, visitar os doentes, confortar os aflitos, plantar árvores. Há infinitas outras maneiras de alimentar o mundo, desde pequenos atos de bondade a projetos grandiosos e nobres.

Boa parte da sociedade moderna parece perdida num deserto cultural. O *Gimmel* mostra que, assim como o camelo viaja pelo deserto com seu alimento dentro do corpo, nós temos as dádivas de que precisamos para sobreviver nesse deserto cultural. E, assim como o *Gimmel* representa um rico que vai ao encontro de um necessitado para compartilhar sua fortuna, essa letra sugere que podemos encontrar maneiras de alimentar nossa cultura coletiva cada vez mais estéril. Nossa arte, nossa música, nossos poemas, nossas histórias ou quaisquer outras obras de beleza podem alimentar uma alma faminta de cultura, e alimentar o próprio Espírito. Apresentá-las ao mundo como uma oferenda a Deus e às pessoas pode ser um dos maiores atos de amor-bondade que se pode praticar.

O *Gimmel* também nos convida a exaltar a "riqueza" que surge quando, paradoxalmente, abandonamos tudo — nosso apego a nossas idéias sobre Deus, nossas comparações entre pessoas, nossos conceitos sobre nós mesmos.

Quando nos deixamos relaxar dessa maneira na plenitude vazia do *Ein Sof*, da Infinitude de Deus, ainda que por alguns instantes, há uma enorme liberação de energia e uma efusão natural de compaixão. Essa liberação nos alimenta, e essa compaixão torna-se o alimento ou a caridade que entregamos ao mundo. Quando escolhemos o *Gimmel*, somos convidados a soltar as rédeas de nossos conceitos estreitos e permitir que nossa natureza de camelo nos guie naturalmente pelas antigas estradas.

A Sombra do *Gimmel*

Uma das sombras do *Gimmel* é descrita pela frase "O inferno está cheio de boas intenções". Ir até uma pessoa para fazer-lhe um bem pode levar a alguns resultados muito ruins. Alguns missionários, convencidos da pureza de suas motivações, ainda assim levaram doença e destruição cultural aos povos nativos que tentavam converter. Imaginar-se como um rico que vai ajudar um pobre pode gerar uma dinâmica de ressentimento e raiva em ambos, em quem dá e em quem recebe, e nossas ações podem ter o efeito oposto do desejado. O *Gimmel* exige meios inteligentes de praticar boas ações. Um dos modos de adquiri-los é abandonar inteiramente a idéia de "boas ações" e simplesmente fazer o que se apresenta a nós com o máximo de nossa capacidade.

Comentários Pessoais

Você alguma vez já montou num camelo, balançando pela trilha quente e poeirenta e ouvindo o som melancólico dos sinos de madeira? O sinal do camelo, o *Gimmel*, me conduz quando estou sem coragem. Ele me conduz quando estou perdido. Ele me conduz quando me sinto tão mal que me esqueço de que tenho algo a oferecer a alguém. O *Gimmel* me lembra de que o modo de me revigorar é a ação.

ג

Resumo do *Gimmel*

Valor Numérico: 3.
Significados: Camelo. Boas ações.
Aplicação: Saber que temos a força e resistência de que precisamos.
Praticar atos de amor-bondade.
Alimentar a cultura e a Deus com nossa arte e criatividade.
Sombra: Zelo missionário desorientado.
Reflexão: Quais são as oportunidades de amor-bondade que surgem no curso de um dia comum? Como eu poderia fazer para aproveitar essas oportunidades com mais freqüência?
Ação sugerida: Pratique hoje um ato exterior de amor-bondade.

QUATRO

DALET

ד

(dálet)

SOM: D
VALOR NUMÉRICO: 4

Significados

A quarta letra do *Aleph Beit*, o *Dalet*, tem a mesma raiz hebraica de דלת, *delet*, que significa "porta", "abertura", "entrada", "umbral". A forma do *Dalet* é a de uma porta aberta, com um arco ou dintel horizontal e uma ombreira vertical.

Diz-se que o *Dalet* sugere também uma pessoa prostrada por estar carregando um fardo pesado e um pobre pedindo esmolas de porta em porta. Como discutimos no capítulo sobre o *Gimmel*, o Talmud descreve o *Dalet* como um pobre ao qual o *Gimmel* se dirige para fazer caridade.

Aplicação

Quando surge em nossa vida, o *Dalet* nos incita a examinar a natureza da verdadeira riqueza. O *Dalet* nos pede para abrir nossa porta e receber as dádivas que o universo quer nos entregar. Nossa capacidade de reconhecer e receber essas dádivas depende de nossa humildade.

Não é fácil reconhecer que somos necessitados e permitir-nos aceitar o que os outros nos oferecem. Quando não somos presunçosos, quando somos pobres de ego e de opiniões, a porta se abre para que a inspiração e as dádivas divinas entrem em nossa vida.

Selecionar o *Dalet* é um lembrete para cultivar a humildade. Quando nos tornamos arrogantes e nos inflamos com nossa própria importância, esquecendo-nos de reconhecer a centralidade de Deus? A palavra humildade vem de *"humus"*, que significa "terra". A palavra "humano" tem uma etimologia semelhante, assim como a palavra hebraica אדם, *adam*, que significa ao mesmo tempo "homem" e "terra". Quando nos tornamos mais humildes, nos tornamos mais humanos.

A humildade vem da conexão com nossas raízes, perto do solo. O *Dalet*, encurvado para o chão, nos convida a recordar essa conexão, que nosso corpo e nosso alimento, e nossa própria vida, dependem da terra. Não estamos separados, e não somos auto-suficientes. Estamos, ao contrário, conectados a tudo e dependemos de tudo.

Quando estamos passando por uma época difícil, sentindo-nos tristes e pobres, o *Dalet* é a voz de estímulo que diz que essa mesma dificuldade pode ser a porta pela qual bênçãos ainda maiores entrarão. O controverso rabino Jesus disse: "Bem-aventurados os pobres de espírito, porque deles é o reino dos céus".

Receber dádivas e bênçãos de graça pode em si mesmo ser uma dádiva oferecida aos outros. O Talmud diz que a mãe quer alimentar o bebê mais do que o bebê quer o alimento. Às vezes damos, às vezes recebemos. Às vezes a porta gira num sentido, às vezes no outro. Se estivermos abertos para qualquer situação — não carregados de idéias arrogantes sobre nós mesmos, por um lado, nem de idéias excessivamente autocondenatórias, por outro —, encontraremos a resposta adequada.

Os sentidos são as portas de nosso corpo. Ao abri-los mais completamente, as bênçãos fluem com naturalidade. Essas bênçãos nos agraciam com as riquezas do mundo comum, sob formas como o canto de um pássaro, o reflexo da luz do sol sobre folhas verdes, o cheiro da cebola, o sabor da maçã. Quando nosso tempo está tomado por atividades e pela preocupação arrogante com assuntos "mais importantes", e nossa mente está cheia de idéias, nós fechamos a porta para essas bênçãos simples, para a humilde vida cotidiana que, afinal, é nossa única vida.

Nos vilarejos maias tradicionais das montanhas da Guatemala, as casas têm entrada, mas não têm porta. Não há, na verdade, uma palavra que signifique "porta" na língua maia. A entrada permite o livre fluxo de sons e vistas e a entrada e saída de pessoas na casa, cada casa estando conectada ao resto do vilarejo conforme um antiqüíssimo padrão natural e familiar. Nos últimos anos, depois que as portas foram introduzidas em muitos desses vilarejos, as pessoas começaram a proteger mais seus pertences e a compartilhar menos; a socialização informal diminuiu e os furtos aumentaram. Em pouco tempo todos começaram a pôr cadeados nas portas e a mantê-las fechadas. A estrutura social desses vilarejos se desfez.

Uma das mensagens do *Dalet* para nós é a descoberta de um modo de permanecer abertos para nossos vilarejos. Entradas definem um dentro e um fora e conferem uma proteção importante, mas portas fechadas e travadas podem bloquear a circulação saudável de pessoas e idéias.

O *Dalet* nos pede para abrir a porta para nosso coração. O sofrimento do mundo e a dor em nossa própria vida pode nos levar a um fechamento, a cerrar a porta diante dessas dificuldades emocionais. O *Dalet* nos estimula a ter a coragem de enfrentar esses sentimentos, abrirmo-nos a eles. "Coragem" vem de *coeur*, "coração" em francês. É corajoso sentir, com o coração, as desgraças do mundo. Boa parte de nossa vida e da cultura moderna se baseia, na verdade, em distrairnos do cotejo com essa dor.

Preces simples e sinceras têm grande poder. O hassidismo emergiu na Europa oriental, no século XVIII, como reação contra a natureza livresca e abstrusa do judaísmo erudito tradicional e das práticas cabalísticas esotéricas. O hassidismo enfatizou a importância da prece humilde e sincera.

Um antigo mestre escreveu: "Não pense que as palavras da prece vão até Deus quando você as pronuncia. Não são as próprias palavras que sobem, mas o desejo ardente de seu coração que sobe, como uma fumaça, até o céu. Se sua prece consiste apenas em palavras e letras e não contém o desejo de seu coração, como ela poderá alcançar Deus?" O Dalet nos dá a confiança de que, se oferecermos nossas preces de maneira humilde e sincera, a sabedoria e a criatividade fluirão para nós.

Durante um Rosh Hashanah, o Baal Shem Tov instruiu seu discípulo, o reb Wolf Kitzes, no modo certo de tocar o *shofar*, o chifre do carneiro. O Baal Shem ensinou-lhe as *kavanot*, ou as intenções piedosas específicas de que o aluno precisava para concentrar-se, durante cada sopro. Mas, no serviço, quando chegou o momento de tocar, o pobre reb Wolf, nervoso, esqueceu-se de todas as *kavanot* e de todas as preces. Era tudo o que ele conseguia fazer para tocar o *shofar* na seqüência certa. Depois, estava infeliz, de coração partido, e com lágrimas nos olhos confessou ao Baal Shem Tov seu fracasso em manter a *kavanah* apropriada ao tocar o *shofar*.

O Baal Shem Tov o confortou com a seguinte história: existem muitas chaves para as várias portas da casa de Deus. Mas existe uma chave-mestra que abre todas as portas. A chave-mestra é o machado. Cada uma das *kavanot* para o *shofar* é como uma chave que abre uma das portas. A chave-mestra, o machado — ensinou o Baal Shem Tov —, é o coração partido. Com a chave-mestra, todas as portas se escancaram e vai-se diretamente à presença de Deus.

Paradoxalmente, quando abrimos nossos corações à plenitude da mágoa e da tristeza, nós nos abrimos para receber alegria também. Os mestres hassídicos ensinam que uma das melhores maneiras de abrir nosso coração é por meio do canto e da dança. O rabino Nachman de Bratislava, neto do Baal Shem, disse: "O modo mais direto de nos ligarmos a Deus a partir deste mundo material é por meio da música". Escreveu também: "Adquira o hábito de cantar canções. Isso lhe dará uma nova vida e vai enchê-lo de alegria". E, em outra passagem, disse: "Adquira o hábito de dançar. Isso afasta a depressão e expulsa o sofrimento".

As *niggunim*, melodias sem letra dos *hassidim*, têm o poder de abrir as portas do coração a sentimentos simultâneos de alegria e tristeza. Podemos incorporar a ressonância do *Dalet* aprendendo e cantando regularmente algumas dessas canções simples e bonitas.

Um dos modos como a pobreza ou humildade do *Dalet* se manifesta é na renúncia ao nosso apego à noção de um eu como algo separado dos outros. Quando abandonamos as barreiras entre nós e "os outros", e entre nós e Deus, o resultado é que nos abrimos profundamente. As portas se escancaram. Walt Whitman exortava: *"Unscrew the locks from the doors! / Unscrew the doors themselves from their jambs!"**

O *Dalet* é o número quatro. O quatro é um número de totalidade, plenitude e completude. Existem quatro elementos, quatro direções cardeais, quatro estações, quatro Mundos na cosmologia cabalística e quatro letras no Nome Sagrado de Deus (יהוה, Yud/Hei/Vav/Hei). Paradoxalmente, o empobrecido e necessitado *Dalet* incorpora esse número de totalidade. Abandonando tudo, sem possuir nada, o pobre *Dalet* recebe as bênçãos de todo o universo. Em seu vazio mesmo, o *Dalet* se torna repleto.

O *Dalet* nos estimula a não ter medo de ser "pobres de Espírito". Ele promete uma profunda plenitude e completude, com os quatro elementos, as quatro direções, as quatro estações e o Nome Sagrado conspirando para fazer entrar novas bênçãos pelas portas da nossa vida.

---

* Literalmente: "Desatarraxe as travas de suas portas! / Desatarraxe as próprias portas de seus umbrais!" (N. do T.).

A Sombra do Dalet

Uma das sombras do *Dalet* é a da falsa humildade. Alimentamos um desejo de ser elogiados por ser nobres em nossos sacrifícios ou em nosso comportamento exterior modesto? Temos orgulho de nossa humildade? Selecionar a letra pode ser um lembrete para ficarmos atentos a essa tendência sutil.

Uma outra sombra do *Dalet* é a humildade excessiva. A falta de auto-estima é epidêmica em nossa cultura, levando à depressão e a comportamentos autodestrutivos. Em muitos casos, um pouco menos de humildade e um pouco mais de orgulho podem ser exatamente o necessário.

Comentários Pessoais

Olá, *Dalet*. Uma das razões por que temos *mezuzzot* em nossas portas é para nos lembrarmos de que os umbrais são sagrados. Entrar e sair — é disso que nossa vida é feita. O ar entra e sai de nossos pulmões, o sangue entra e sai de nosso coração, as idéias entram e saem de nossa mente — entrar e sair, entrar e sair.

Meu avô tinha um plano para entrar no céu. Ele ficaria abrindo e fechando os portões do céu. Por fim, o guardião dos portões gritaria, exasperado: "Chega! Entre ou saia de uma vez!" — e meu avô entraria.

O *Dalet*, por outro lado, está ao mesmo tempo dentro e fora, nem dentro nem fora. Ele representa a liberdade do umbral. No umbral todas as coisas são novas. No umbral tudo é possível. Nosso tesouro está logo ali — no umbral!

ד

Resumo do *Dalet*

Valor Numérico: 4.
Significados: Porta. Entrada. Umbral. Humildade.
Aplicação: Abrir as portas de nossos sentidos.
Permanecer abertos para o nosso vilarejo.
Abrir o nosso coração para a tristeza e para a alegria.
Andar com humildade.
Sombra: Falsa humildade.
Humildade excessiva.
Reflexão: Qual é o desejo ardente em meu coração que sobe até o céu como uma fumaça? Como posso agir mais plenamente conforme esse desejo?
Ações sugeridas: Descubra um modo de abrir-se mais à situação ou à pessoa para a qual a porta do seu coração está fechada.

CINCO

HEI

ה

(hei — "h" aspirado)

SOM: *H (aspirado)*
VALOR NUMÉRICO: 5

Significados

O nome da quinta letra do *Aleph Beit*, הא, *Hei*, significa "veja!" ou "olhe!".

O *Hei* é a letra mais freqüentemente ligada ao nome de Deus, como em יה, *Yah*. A mais sagrada configuração do Nome Sagrado, יהוה, *Yud-Hei-Vav-Hei* ou YHVH, contém *dois Heis*.

O *Hei* é uma das letras de som mais suave. Seu som é simplesmente uma respiração ou exalação. Como sufixo, *Hei* denota a forma feminina de um substantivo.

Aplicação

Quando o *Hei* sussurra em nossa consciência, podemos ter a certeza de que estamos num estado santificado, perto do Nome Sagrado, próximos do aspecto maternal de Deus. Essa proximidade, no entanto, pode adotar a forma exterior de esperanças ou relacionamentos destruídos. O *Hei* é uma das duas únicas letras do *Aleph Beit* compostas de duas partes desconectadas, ou quebradas. Mas o *Hei* oferece a certeza de que, assim como a semente deve se quebrar e se abrir dentro da mãe-terra para brotar, nós somos quebrados e abertos para que surja uma nova vida.

O *Hei* diz: "Veja! Está aqui! Aqui mesmo, dentro e diante de você, está a expressão, a manifestação mesma da Divindade!"

A Torah narra que Deus indica a fé de Abrão e Sarai adicionando um *Hei*, a letra inicial de Deus, a seus nomes. Assim, Sarai, שרי, torna-se Sara, שרה, e Abrão, אברם, torna-se Abraão, אברהם. Em seguida, apesar de sua idade avançada, Abraão consegue engravidar Sara, e Sara consegue conceber e dar à luz Isaac, iniciando a longa linhagem do povo hebreu. A letra *Hei* ajuda a santificar Abraão e Sara, simbolizando sua capacidade de manifestar uma nova vida, de modo inesperado e miraculoso, afetando o destino do mundo inteiro.

O *Hei* pode também nos transformar. O nome de Isaac significa "riso" e "prazer". Quando os efeitos, suaves mas poderosos, do *Hei* informam nossa vida, como o fez com Abraão e Sara, pode encerrar-se um período de esterilidade, e a alegria e os sons do riso e do prazer voltam a ecoar por nossa casa.

Além de significar "veja!" ou "olhe!", o *Hei*, como prefixo, equivale a um artigo definido. O Talmud diz que Deus usou as letras *Yud* e *Hei*, que formam o nome sagrado יה, *Yah*, para criar o universo. O *Yud* foi usado para criar o "Mundo Futuro", e o *Hei*, para criar "Este Mundo". Quando o *Hei* se manifesta em nossa consciência, estamos sendo solicitados a prestar atenção no que está diante de nós, a olhar para as coisas concretas de nossa vida, a fixar-nos n'Este Mundo.

Hei como "o" é um artigo *definido*; refere-se a um objeto ou coisa específica, e não a uma generalidade ou abstração. Teremos nos perdido em abstrações, nos alienado de nosso corpo, de nossa experiência física? O *Hei* nos lembra de prestar atenção nos aspectos específicos e definidos de nossa vida.

Certa vez o rebbe Nachman viu um de seus discípulos com pressa. "Já olhou para o céu nesta manhã?", perguntou o rebbe.

"Não, rebbe, não tive tempo."

"Acredite: em cinqüenta anos tudo o que você está vendo aqui hoje terá desaparecido. Haverá um outro mercado, com outros cavalos, outras carroças, pessoas diferentes. Eu não estarei aqui, e você também não. Logo, o que é tão importante que você não tenha tempo de olhar para o céu?"

Num sentido semelhante, a autora Simone Weil escreveu: "A prece consiste em atenção".

Moisés era uma pessoa que prestava atenção. Certo dia, enquanto apascentava o rebanho de seu sogro, Moisés viu um fogo vindo de uma sarça. Ao olhar, percebeu que a sarça não estava sendo consumida pelo fogo. Moisés disse: "Preciso ir até lá e investigar esse maravilhoso fenômeno. Por que a sarça não se consome?"

Moisés estava no lugar certo e no momento certo para tomar consciência dessa estranha visão. Sobretudo ele estava atento a ela; primeiro foi capaz de notá-la, e então dispôs-se a interromper seus planos e desviar-se para investigá-la. A Torah prossegue: "E vendo o Senhor que Moisés se virava para lá a ver, bradou Deus a ele do meio da sarça, e disse: 'Moisés, Moisés!'"

"E ele disse: 'Eis-me aqui'."

Esse "Eis-me aqui", ou הנני, *hineini*, exemplifica o poder do *Hei*.

Então Deus disse a Moisés: "Tira os teus sapatos de teus pés; porque o lugar em que tu estás é terra santa" (Êx. 3:2-4).

Essa é a mensagem do *Hei*: a santidade está aqui mesmo! O lugar onde estamos, onde quer que seja, é terra santa. A sarça ainda está ardendo. O fogo do imediato queima com brilho e calor. A questão é se nós vamos ou não prestar atenção e notar. A vida está sempre nos dando uma oportunidade de responder *hineini*! Veja, aqui mesmo, neste mesmo corpo, neste mesmo lugar, está o divino.

A palavra "ei" está diretamente relacionada à sua parente hebraica. O *Hei* nos pede atenção: "Ei! Aqui está! Não está mais oculto!" A interjeição "a-há!" carrega a energia do *Hei*. Podemos estar atentos a experiências "a-há!" — quando de repente alguma coisa se encaixa, de repente entendemos. Um dos sinais de que isso aconteceu é um influxo de riso e prazer.

Por outro lado, as revelações podem vir de modo silencioso e sutil, sussurrando em nossa consciência. O profeta Elias, em dificuldades desesperadoras, fugiu para o deserto e foi levado até o monte Horebe. No topo do monte, "eis que passava o Senhor, como também um grande e forte vento que fendia os montes e quebrava as penhas diante da face do Senhor; porém o Senhor não estava no vento: e depois do vento um terremoto; também o Senhor não estava no terremoto: e depois do terremoto um fogo; porém também o Senhor não estava no fogo: e depois do fogo uma voz mansa e delicada" — às vezes traduzida como "uma pequena voz silenciosa" (I Re. 19:11-12).

Em meio ao clamor do mundo, ao tumulto de nossa vida, a voz do *Hei* respira silenciosamente, murmurando seu som suave, mas poderoso. Boa parte de nossa vida se consome no redemoinho de pensamentos e idéias, no terremoto das ações, no fogo das emoções. O *Hei* indica um momento de desviar-se de tudo isso e ouvir o pequeno som do divino.

Segundo a tradição, depois de ser levado ao céu, Elias (cujo nome hebraico, אליהו, Eliahu, contém um *Hei*) começou a servir como mensageiro de Deus, ajudando e instruindo os seres humanos e preparando para o advento do Messias. Na Páscoa, nós aprontamos um lugar para Elias, servimos a ele uma taça de vinho e deixamos a porta aberta para sua visita.

Quando suspiramos profundamente, vocalizando o "aaaah!" do *Hei* e aquietando nossa mente e nosso corpo, nós nos preparamos para ouvir ou sentir o som suave e murmurante da inspiração divina ecoando em nosso abdômen. Ao fazê-lo, nós aprontamos em nossa vida um lugar para que Elias nos visite, nos preparamos para ouvir mensagens do céu.

Em seguida, nós descemos da montanha, renovados e rejuvenescidos, prontos para viver no mundo outra vez, dando vida a mais beleza e prazer.

A Sombra do *Hei*

Um dos perigos da letra fragmentada Hei é o de ficar preso na fragmentação. Um coração partido, como um osso partido, pode nos aleijar. Nosso desafio é fazer com que os aspectos fragmentados de nossa vida informem nossa completude, acrescentando a nossa natureza não o desespero e a falta de perspectiva, mas a maturidade e a profundidade.

O "som suave e murmurante" tem uma sombra também. Nem sempre é fácil distinguir a inspiração divina do auto-engano. Temperar a confiança em nossas revelações com um pouco de humildade pode nos ajudar a evitar impor nossa visão aos outros de maneira destrutiva e arrogante.

Comentários Pessoais

Durante boa parte do tempo eu vivo numa espécie de torpor, com a mente repleta de sonhos e planos e especulações e preocupações, sem notar realmente a vida vibrante que se agita e fala em torno de mim. Mas de vez em quando a energia do Hei penetra, de algum modo, em meu palavrório mental e grita: "Ei! Acorde! Preste atenção!" E então, quase sem querer, noto o ângulo da luz do sol, a sensação da brisa, o apito forte do trem, o cheiro da pipoca. O *Hei* me desperta — e nesses momentos vívidos sou capaz de dizer com convicção: "*Hineini!* Eis-me aqui!"

ה

Resumo do *Hei*

Valor Numérico:	5.
Significados:	Veja! Olhe! Artigo definido. *Hineini*, "Eis-me aqui".
Aplicação:	Prestar atenção.
	Ouvir a pequena voz silenciosa.
Sombra:	Ficar preso na fragmentação.
	Auto-engano.
Reflexão:	O que a "pequena voz silenciosa" de Deus está me dizendo hoje?
Ação sugerida:	Pelo menos três vezes ao dia, respire fundo três vezes, olhe para cima, olhe para baixo e para os lados e diga em voz alta: "*Hineini*! Eis-me aqui!"

SEIS

VAV

ו

(vav)

SOM: *V* ou *U*
VALOR NUMÉRICO: 6

Significados

ו, o nome da sexta letra do *Aleph Beit*, *Vav*, quer dizer "gancho".
Quando prefixo de um substantivo, *Vav* significa "e".

No hebraico bíblico, o *Vav* tem uma função especial quando usado como prefixo de um verbo: ele muda o tempo do verbo, do pretérito para o futuro ou vice-versa. Nessa função, o *Vav* inverte o tempo, conectando e transmutando passado e futuro.

O *Vav* corresponde ao número seis, número de dias em que o universo foi criado.

Aplicações

O *Vav* é uma letra incrivelmente poderosa de conexão, de continuidade, de unificação através do tempo e do espaço. Quando o *Vav* se conecta conosco, é uma oportunidade para aprofundarmos nosso senso de unidade e conexão com todas as coisas e com todas as eras.

Uma das doenças de nosso tempo é a sensação de desconexão. Falta a muitos de nós uma intimidade mais profunda com o lugar físico em que vivemos e com os animais, plantas, rios, montanhas, pedras e insetos que ele contém. Freqüentemente estamos desconectados de nossos vizinhos, familiares, amigos. Às vezes estamos desconectados de nosso próprio corpo e de nossas emoções. E estamos desconectados do mundo dos nossos antepassados. Com freqüência nos sentimos desconectados de Deus.

Na verdade, passamos boa parte de nossas vidas tentando nos conectar de algum modo, derrubar os muros da separação aparente. O *Vav*, como uma das vinte e duas energias em forma de letra com que Deus criou o universo, oferece o alento de que a conexão está profundamente embutida na própria estrutura da criação.

A energia conectiva do *Vav* está embutida na mais sagrada forma do nome de Deus, יהוה, *Yud-Hei-Vav-Hei*. O *Vav* nos mostra que talvez não estejamos, na verdade, tão isolados quanto imaginamos.

Como desenvolver, no nível físico, um senso de conexão semelhante ao *Vav*? Uma das maneiras é tomando consciência de nossos pés. Ali estão eles, na terra, conectando-nos com este planeta em rotação onde vivemos. Podemos, por alguns momentos, plantar nossos pés firmemente no chão e sentir o poder da terra entrando em nosso corpo, mesmo com a gravidade nos puxando para baixo. Nossos pés formam o *Vav* da conexão, por estar na fronteira misteriosa, no limite entre nós e o planeta. Eles nos conduzem pela vida, percorrendo a superfície do mundo, e nos conectam com toda a vida neste globo.

Mesmo quando não percebemos a interconexão, estamos sempre conectados. É possível, na verdade, romper com a idéia de dualidade entre nós e o planeta e experienciar nosso ato de caminhar como a própria terra caminhando, e nosso ato de respirar, ativa ou passivamente como o planeta respirando.

Comer é um profundo ato de união. As plantas, os animais e os líquidos que nosso corpo absorve misteriosamente se transformam em "nós". Na mesa da Páscoa, nós nos unimos aos nossos antepassados ao experimentar as ervas amargas da aflição e a secura do *matzah* ázimo do deserto.

Foi provavelmente durante um seder de Páscoa que Jesus e seus discípulos comeram a Última Ceia. A partilha do *matzah* e do vinho por Jesus tornou-se o protótipo do sacramento da comunhão. Na verdade, *sempre* que comemos, bebemos ou mesmo respiramos, estamos participando de uma comunhão, entrando em união com o sol, a chuva, o solo, a força vital da planta ou do animal e também com as energias dos seres humanos que cultivaram o alimento, o transportaram, o venderam e o cozinharam.

Em reconhecimento a tudo isso, os judeus observantes lavam as mãos e recitam uma prece antes de cada refeição e orações de ação de graças depois. Todo ato de comer ou beber é um milagre — um milagre de conexão. Ao valorizar o alimento desse modo, nós alimentamos nossa consciência *Vav* ao mesmo tempo que nutrimos nosso corpo.

Por sua energia de conexão e unificação, o *Vav* ajuda a curar um universo fraturado. A partir do rabino Isaac Luria, do século XVI, os cabalistas desenvolveram uma idéia conhecida como "rompimento dos vasos". No princípio, Deus emanava luz divina. Para que essa luz estivesse acessível ao mundo finito, ela foi vertida em vasos correspondentes às dez *Sefirot*, ou ramos, da Árvore da Vida. Os vasos dos três ramos superiores conseguiram acomodar a luz, mas, ao entrar nos ramos inferiores, o grande poder da luz divina foi demais para os vasos; eles se romperam e a luz se dispersou.

Desde então, uma das responsabilidades fundamentais do ser humano é trabalhar pelo *tikkun* — reparar os vasos e unificar os fragmentos de luz dispersos e exilados. O aparecimento do Messias vai marcar a consumação desse processo permanente de restauração.

Quando o último vaso se rompeu, a *Shekhinah*, o aspecto feminino e imanente da Divindade, foi exilada. O *tikkun* busca reunir a *Shekhinah*, a Divina Noiva, com o aspecto masculino e transcendente da Divindade. O estudioso Gershom Scholem afirma que "a verdadeira finalidade da Torah, de certo modo", é levar a *Shekhinah* de volta à união com Deus. O rabino Luria ensinou que o cumprimento de cada um dos 613 mandamentos deve vir acompanhado de uma afirmação de que o ato é praticado em nome da união do Santíssimo e da *Shekhinah*.

O rompimento dos vasos e o exílio da *Shekhinah* têm um paralelo na queda do Jardim do Éden. Com o rompimento dos vasos, a própria natureza de Deus se divide. As partes masculina e feminina da Divindade, o transcendente e o imanente, exilam-se uma da outra. Não surpreende que nós, seres humanos, sintamos um vazio ou separação dentro de nós mesmos. Não surpreende a existência de tamanho abismo e tensão entre homens e mulheres.

O *Vav* colabora com o processo de *tikkun*. Ele concilia os opostos. Como se diz, "Isto *e* aquilo são verdadeiros". O *Vav* recolhe as centelhas dispersas da luz divina nas seis extremidades do universo e também no passado e no futuro. Quem seleciona o *Vav* está sendo chamado a participar do grande processo unificador de *tikkun*. Toda pessoa tem um papel-chave a cumprir na recuperação das centelhas da divindade, na união da Noiva com o Noivo, desfazendo o abismo entre a mulher e o homem. O *Vav* nos inspira a tornarmo-nos agentes de conexão, de re-união, para ajudar a preparar a era messiânica na qual termina o exílio, restauram-se os vasos da luz divina e reinam a completude e a harmonia.

O *Vav* nos estimula a encontrar nosso papel específico no processo de restauração da luz da criação. Como vamos colaborar com o *tikkun*? É nosso desafio e nosso destino. Algumas pessoas tentam o *tikkun olam*, o "conserto do mundo", sob uma forma bastante prática, por meio da participação política, da ação no meio ambiente e do envolvimento comunitário. Outros enfrentam o desafio do *tikkun* de modo mais místico. O *Vav* comunica o caráter geral do processo, ou seja, conexão e unificação. Com nossas preces e ações praticadas com *kavanah*, intenção, nós contribuímos, cada um à sua maneira única, para esse trabalho cósmico de restauração.

A Sombra do *Vav*

Ficar "preso" é um dos lados negativos do *Vav*. Todos os tipos de vício são uma espécie de excesso de conexão. Estaremos viciados em novidades, em elogios, em trabalho, em estímulos, em nossos melodramas pessoais?

Estaremos excessivamente identificados com uma outra pessoa? É maravilhoso ter uma conexão profunda com alguém — mas essa conexão pode facilmente descambar para uma codependência doentia. O *Vav* serve para nos lembrar de cultivar e apreciar nossas conexões com os outros, mas sem descuidar de cultivar também nossa individualidade própria e única.

Comentários Pessoais

Às vezes, quando saio perambulando pelas ruas das cidades, as pessoas parecem muito diferentes de mim. Sinto-me separado delas, separado da terra, separado de meus antepassados, separado de mim mesmo.

Nos momentos felizes, porém, o *Vav* vem em meu auxílio. O *Vav* me faz lembrar que, nas raízes, nós estamos todos conectados; nas raízes fazemos parte, na verdade, da mesma árvore. O *Vav* é vertical, como uma árvore. As árvores conectam o céu com a terra. O *Vav* conecta você comigo. Os frutos dessa árvore são a beleza e a vida. O *Vav* me incita a observar além da aparência superficial e enxergar a teia de conexões que me cerca. Conectando-me com todas as coisas, o *Vav* me conecta comigo mesmo.

ו

Resumo do Vav

Valor Numérico:	6.
Significados:	Gancho. E. Conexão.
Aplicação:	Conectar-nos com a terra por meio dos pés. Manter nossa conexão com a rede da vida quando alimentamos nosso corpo. Descobrir nosso caminho de *tikkun*, de restauração.
Sombra:	Ficar preso. Codependência.
Reflexão:	De que maneiras eu posso colaborar com o processo de conexão, de re-união, de *tikkun*?
Ação sugerida:	Hoje, durante alguns minutos, sente-se em silêncio e observe ou perceba sua respiração. Ao fazer isso, imagine que você não está bem respirando ativamente, mas passivamente. É a atividade perpétua do *Ruach Ha-olam*, o Sopro do Mundo (um dos nomes de Deus).

SETE

ZAYIN

ז

(zaiin)

SOM: Z
VALOR NUMÉRICO: 7

Significado

O *Zayin* é uma letra de assertividade e poder. Sua forma lembra uma espada e seu nome tem relação com זין, raiz hebraica para "armas".

O *Zayin* corresponde ao sete. O sete representa completude. É comum descrevermos seis direções espaciais — leste, oeste, norte, sul, acima e abaixo — mais uma sétima, uma direção para dentro, um ponto focal interior. Deus descansou no sétimo dia, depois de concluir o trabalho exterior de criar o universo. Como é a sétima letra do *Aleph Beit*, o *Zayin* simboliza o *Shabbat*, o período que reservamos para descansar e para recordar e comemorar aquele dia inicial de descanso e celebração, quando todas as coisas eram novas.

O *Zayin* é, portanto, um paradoxo. Esse sinal de arma de guerra é também símbolo da paz do *Shabbat*. O desafio do Zayin é integrar as duas coisas. É possível, para nós, ser "guerreiros pacíficos"? É possível manejar a espada adequadamente, para defender e inspirar vida e beleza em vez de causar mais morte, mais destruição e mais alienação? O próprio sentido profundo da letra, como ocorre com todas as letras do *Aleph Beit*, ensina como enfrentar o desafio.

Aplicação

זכר, *zakor*, "lembrar", começa com *Zayin*. "Lembra-te do dia do sábado, para o santificar" foi um dos Dez Mandamentos, ou dez "pronunciamentos", que Moisés trouxe do monte (Êx. 20:8). Ao respeitar, sob a forma que nos parecer apropriada, o sabbath, nós nos lembramos dele, no sentido de recolher. No *Shabbat*, nós nos re-criamos lembrando-nos da criação.

Uma das maneiras de fazer isso é saindo do mundo da agitação, dos horários de comércio e de trabalho, da própria modernidade, e entrando no santuário do tempo sagrado. Durante o *Shabbat*, nós descansamos e acolhemos em nossa vida o aspecto feminino da Divindade — a *Shekhinah*, a Rainha do Sabbath.

Escolher o *Zayin* pode indicar um momento de recolher-se, de ficar mais perto de casa, com a família e os amigos, de estar com a natureza, de afastar-se dos negócios mundanos, de estudar, rezar e cantar. O Talmud diz: "O que foi criado no sétimo dia? A tranquilidade, a serenidade, a paz e o repouso". O *Zayin* representa um momento de voltar-se para o sabbath íntimo, para a sétima direção, a direção interior, e cultivar a paz.

É também um momento de diversão! Em seu clássico livro *O Sabbath*, Abraham Joshua Heschel ensina: "Ao contrário do Dia do Perdão, o Sabbath não é dedicado exclusivamente a metas espirituais". É um dia do corpo e da alma. "O conforto e o prazer constituem parte integrante da observância do Sabbath."

O Talmud diz: "Santifique o Sabbath com refeições seletas, com roupas bonitas; dê prazer a sua alma e eu o recompensarei por esse mesmo prazer".

Vimos que o *Zayin* nos convida a lembrar. Tradicionalmente os iroqueses se lembram não apenas dos antepassados como também dos que ainda virão. Ao tomar uma decisão importante, eles pensam nas crianças que vão nascer sete gerações mais tarde. Como essa decisão as afetará? O *Zayin* nos lembra de nos retirar do dia-a-dia e observar nossa vida dessa perspectiva. O que precisamos ajustar na nossa vida atual para melhor servir a sétima geração, que, para nós hoje, são as crianças do século vinte e um?

Shmitah, o ano sabático, ocorre a cada sete anos. *Shmitah* é o período de descanso do solo, de repouso da terra. Quando aparece em nossas mãos, o *Zayin* pode significar um momento de adotar alguma forma de sabático, dar-nos um tempo, renovar nossas perspectivas e saborear um pouco a liberdade.

Para ter liberdade, porém, normalmente é preciso lutar para conquistá-la, e depois defendê-la. É nesse ponto que o *Zayin* enquanto arma se liga às pacíficas qualidades sabáticas da letra. Para proteger nosso sagrado momento de Shabbat, precisamos manejar a espada que guarda as fronteiras. Precisamos defender o precioso espaço da alma, proteger os aspectos femininos de nós mesmos e a natureza, que pode estar ameaçada pelas demandas das outras pessoas e de nossa cultura apressada e materialista, com seus resquícios patriarcais. Como é fácil esquecer-se de lembrar-se do sabbath — em sentido literal e figurado.

O *Zayin* é um apelo à incisividade, àquela aguda clareza da mente e da intenção que protege o que é precioso. Robert Bly diz, em *João de Ferro*: "Mostrar a espada não significa necessariamente lutar. Pode sugerir também uma alegre determinação".

Quando Adão e Eva foram expulsos do Jardim do Éden, foi colocada na entrada uma espada flamejante, circundando e protegendo a Árvore da Vida. Todos nós trazemos a espada flamejante que guarda a árvore da vida interior. Quando estamos determinados a respeitar aquilo que é verdadeiramente importante para nós, eliminando tudo o que não for, nós manejamos habilmente a espada do *Zayin*.

William Blake invoca a inspiração de *Zayin* em seu prefácio a *Milton*:

*I will not cease from Mental Fight.
Nor shall my Sword sleep in my hand,
Till we have built Jerusalem
In England's green and pleasant Land.**

A escolha da letra *Zayin* é uma convocação para a luta. É o desafio de manter-nos alertas e vigilantes e não nos deixar atrair para o sono pelo canto de sereia do comércio e do materialismo. Nós temos uma oportunidade permanente de construir Jerusalém, *Yerushalayim* — a "visão do *Shalom*", a cidade da paz — aqui mesmo, neste momento, exatamente onde estamos.

A SOMBRA DO ZAYIN

O sabbath ocorre apenas uma vez a cada sete dias. Parte de sua beleza está no contraste com o resto da semana. Basta um excesso de descanso e prazer, de refeições seletas e vestes bonitas, e nossa vida rapidamente perde o equilíbrio. A preguiça e a indulgência excessiva são duas armadilhas que é preciso ter em mente quando se seleciona o *Zayin*.

Uma outra armadilha é a do excesso de agressividade. É importante manejar a espada que defende as fronteiras e protege o que deve ser protegido, mas sem tornar-se violento e paranóico. O *Zayin* evoca a parte da natureza humana que é ávida pela guerra, que é sedenta de sangue, que justifica a agressão em nome de todas as formas de ideologia e racionalizações. Quando selecionamos o *Zayin*, é um

---

* Literalmente: "Não abandonarei minha Luta Mental / Nem minha Espada descansará em minhas mãos / Enquanto não construirmos Jerusalém / Na verde e aprazível terra inglesa" (N. do T.).

lembrete de que a tendência obscura para a guerra e para a violência está em cada um de nós. Quando admitimos a presença dessas tendências destrutivas em nossa natureza, somos capazes de evitar levá-las à prática ou projetá-las num "outro" qualquer.

Comentários Pessoais

Você já segurou uma espada de verdade? É pesada! Ainda assim, existe um modo de manejar a espada sem se esgotar — um "esforço sem esforço", ou *wu wei*, como se diz em chinês.

O *Zayin* ensina que o esgotamento, na verdade, tende mais a ocorrer quando nos recusamos a segurar a espada que protege nosso tesouro, nosso tempo sagrado. Quando eu era diretor executivo de uma organização não-lucrativa de plantio de árvores, nós nos vimos iniciando um projeto atrás do outro, até que a equipe e os voluntários acabaram passando dos limites e sucumbindo ao *stress*. Então pendurei dois avisos no escritório. Um deles dizia: "É o plantio de árvores, estúpido" — para nos lembrar de nos concentrarmos na missão central da organização e nos ajudar a resistir à tentação de nos dispersar em atividades paralelas. O outro dizia: "Diga não aos outros projetos" — para nos fazer desistir de acumular cada vez mais trabalho. Identificar as prioridades essenciais e dispor-se a defendê-las: esse é o trabalho do *Zayin*.

Há um certo tipo de espada que hoje sei usar com mestria. É leve, mas eficiente. Você pode usá-la também, se quiser. É a palavra "não".

ז

Resumo do *Zayin*

Valor Numérico: 7.
Significados: Arma. Espada.
Aplicação: Lembre-se do sabbath, lembre-se de descansar.
Maneje a espada que protege aquilo que é precioso.
Sombra: Indolência.
Guerra e agressão sem motivo.
Reflexão: Existe algo que eu deva eliminar para fazer jus ao que é realmente importante para mim?
Ação sugerida: Nesse fim de semana, comemore o sabbath de um modo que seja satisfatório e significativo para você, reduzindo as tarefas e pressões do cotidiano a um mínimo.

OITO

CHET

ח

(chét — "ch" gutural)

SOM: *ch (gutural, como em "chutzpah")*
VALOR NUMÉRICO: 8, infinito

SIGNIFICADOS

O *Chet* é a oitava letra do *Aleph Beit*. Como o sete é um número da completude, o oito significa um tempo de novos inícios, a entrada num novo ciclo. No oitavo dia, começa uma nova semana. Na oitava nota, soa uma nova oitava, maior. A palavra "novo", em hebraico, חדש, *chadash*, começa com *Chet*.

Além do número oito, o *Chet* é também o infinito (cujo símbolo é um oito deitado), o domínio inumerável fora do tempo e do espaço.

A forma do *Chet* é a de um arco ou portal. A vida nova surge quando deixamos a vida antiga para trás, atravessamos o limiar e entramos no desconhecido, no infinito.

Essas travessias, porém, podem ser uma fonte de medo. O *Chet* é a chave das palavras hebraicas "vida", חיים, *chayim*, e "medo", חתה, *chitah*. Estar vivo é ter medo. O *Chet* nos ensina a negociar fins e começos em nossa vida, neste mundo assustador, com חסד, *chesed* — graça e amor-bondade.

Aplicação

O *Chet*, esse poderoso símbolo de transformação, é a primeira letra de חפה, *chupah*, o dossel matrimonial. Na verdade o *Chet* se parece com um *chupah*. O *chupah* é ao mesmo tempo abrigo e início da jornada da vida matrimonial. Quando o par de noivos está sob o *chupah*, estão num espaço liminar — num lugar santo, solene e intermediário. Quando saem do *chupah*, suas vidas mudaram profundamente. Nascem para o mundo como casal.

O *Chet* suscita algumas perguntas: em que *chupah* metafórico você está entrando, ou em qual está agora, ou de qual está saindo? Com o que ou quem você está decidindo casar-se, unir-se? Quais as transformações radicais por que você está passando?

Na cerimônia de casamento, bebe-se o vinho da bênção e todos brindam dizendo *"l'chayim!"* ("à vida!") O *Chet* nos incita a transpor o portal da transformação com espírito vibrante, gozar da vivacidade de ser um ser humano e aceitar a vida, venha o que vier, bom ou não.

Venha o que vier. *Gevalt!* A vida é uma idéia assustadora. Comer e procurar evitar ser comido. A maioria de nós, hoje, não corremos o risco de ser devorados por animais selvagens, mas há outras forças que podem nos consumir: os micróbios, os empregos extenuantes, as emoções debilitantes, as doenças, as drogas e o álcool, o consumismo em geral e, para todos, essencial e inevitavelmente, a morte. O xamã e mestre maia Martín Prechtel diz que a frase "o amor move o mundo" é imprecisa. Não é o amor, e sim o medo, que faz o mundo girar, ensina. O amor é o que o torna tolerável.

Com o *Chet*, atravessamos um portal e deixamos para trás o otimismo ingênuo. O *Chet* assinala uma iniciação — da inocência para a consciência dos perigos que cercam nossa vida. O livro de Jó diz que Deus "suspende a terra sobre o nada" (Jó 26:7). Há uma parte profunda de nós que teme cair no abismo do nada, ou ser engolido por ele — pelo vazio infinito que nos espera bem debaixo de nossos pés, logo depois de nosso próximo pensamento, de nossa próxima respiração.

Apesar disso, a força vitalizante do *Chet* é a da *chayim*, da própria vida. O desafio dessa letra está resumido na frase "sinta o medo e faça mesmo assim". O *Chet* nos convida a permitir que uma consciência madura da morte e do perigo nos informe e aprofunde nossa aceitação da vida. A morte pode ser uma aliada, ajudando-nos a perceber o quanto a vida é preciosa. "O bom guerreiro sempre tem medo", diz a Avó numa fábula dos índios modoc. *Chutzpah*, חֻצְפָּה, significa "iniciativa e ousadia". O *Chet* nos ensina o "santo *chutzpah*", a disposição de cometer erros, correr riscos e enfrentar o desconhecido para criar algo novo.

A forma do *Chet* é uma ponte, com a linha horizontal conectando as duas verticais. O rabino Nachman de Bratislava ensinava que "tudo neste mundo é uma ponte muito estreita. E acima de tudo jamais tenha medo de nada". O rabino Nachman sabia como enfrentar o medo. Seu filho querido morreu criança. Certa vez o rabino empreendeu uma arriscada peregrinação à Terra Santa, no auge das guerras napoleônicas. Durante boa parte de sua curta vida ele foi maníaco-depressivo. Apesar disso, o rabino Nachman foi capaz de atravessar a ponte estreita de sua vida com um bom humor, uma sabedoria e uma coragem que até hoje estimulam e fortalecem a muitos. Ele previu, de fato, que "minha luz não se apagará até o dia do Messias".

Um outro mestre hassídico, o rabino Moshe Leib, dizia: "Este mundo é como caminhar sobre o fio de uma espada. De um lado está o mundo dos mortos, do outro, o mundo dos mortos, e o caminho da vida está no meio". O caminho da vida é o caminho do *Chet*.

Wu-Men, um mestre zen chinês do século XII, ecoa o rabino Nachman e o rabino Moshe: "Exatamente na fronteira entre o nascimento e a morte está a Grande Liberdade". Nós caminhamos por essa fronteira o tempo todo. O *Chet* nos convida a caminhar sobre ele com *chesed*, graça e amor-bondade, e vivenciar essa liberdade.

Em seu poema "Walking Home from the 'Duchess of Malfi'", Gary Snyder diz:

> *Pains of death and love,*
> *Birth and war,*
> > *wreckt earth,*
> > *bless*
> *With more love,*
> *not less.**

Esse modo de abençoar não é um caminho fácil. O caminho do *Chet* não é fácil. É preciso tempo para desenvolver na sabedoria, חכמה, *chokhmah* (mais uma palavra que começa com *Chet*) — de incorporar essa atitude diante da vida e do medo. Muitos feriados judaicos duram oito dias, mostrando que nós precisamos de um certo tempo para atravessar o portal e atingir a completude. A transformação normalmente não acontece de uma só vez.

Os oito dias de Chanukah, por exemplo, exaltam o caráter cíclico do tempo no solstício de inverno e recordam o milagre do óleo para um só dia que durou por oito. Ao comer e viver em humildes *sukkot*, tendas, durante os oito dias do *Sukkot*, nós recordamos os quarenta anos que os judeus viveram em tendas durante sua estada no Sinai. Na Diáspora, a Páscoa é observada durante oito dias para comemorar a fuga do Egito e os longos anos de errâncias dos hebreus pelo deserto. Durante oito dias, essas festas permitem que nos aprofundemos no tempo sagrado e compreendamos mais intensamente o quanto nossos antepassados lutaram para vencer os desafios da vida.

Em Israel, o oitavo dia do *Sukkot* é conhecido como *Shemini Atzeret*, a "Convocação do Oitavo Dia", e *Simchat Torah*, a "Alegria da Torah". (Na Diáspora, essas festas são comemoradas em dois dias diferentes.) Terminada a colheita, o *Shemini Atzeret* assinala o dia tradicional da prece por chuvas, para ajudar na safra seguinte. O *Simchat*

---

* Literalmente: "Dores de morte e amor, / Nascimento e guerra, / terra abatida, / abençoe / Com mais amor, / não menos" (N. do T.).

Torah comemora o término do ciclo anual de leituras da Torah e o início do ciclo seguinte. Ambos são festas vitalizadas pelo *Chet*, porque comemoram encerramentos e saltos para o desconhecido, para o *Chet* — a infinidade — de novos inícios, mais uma vez.

O rabino Nachman, na verdade, aconselhava que se saltasse, literalmente, durante o *Simchat Torah*. Ensinava que, nesse dia, as pessoas deviam dançar, dar cambalhotas e pular, esforçando-se para desafiar a lei da gravidade e transcender as limitações do mundo físico. O rabino Aryeh Kaplan escreve que, ao dançar com a Torah no *Simchat Torah*, "estamos expressando o fato de que nesse dia nós somos capazes de transcender o físico (...), indo além de todas as barreiras e limitações que imaginávamos impossíveis de superar".

Esse é o *chutzpah* do *Chet*: saltar para o infinito, para o desconhecido — para além das barreiras que parecem nos impedir!

A Sombra do *Chet*

Sentir que "tudo neste mundo é uma ponte muito estreita", como disse o rabino Nachman, pode ser insuportável. Podemos ficar paralisados de medo, incapazes até de percorrer a ponte, ou em terror pânico, agindo desvairada e perigosamente. O desafio do *Chet* é tornar o medo um aliado, para que, em vez de representar pressão e terror, ele nos conecte mais profundamente com a vida e se torne uma fonte de energia.

Vimos que o *Chet* simboliza o *chadash*, o novo. Embora o frescor e a inovação sejam maravilhosos, é fácil viciar-se na novidade.

Será que estamos buscando novidades o tempo todo? Nunca estamos satisfeitos? Desprezamos ou desconstruímos levianamente aquilo que é venerável e que o tempo consagrou? O novo nem sempre significa "o melhor". Ao contrário, aquilo que já passou pelo teste do tempo normalmente pode ser mais sólido e íntegro do que a invenção mais recente.

O *Chet* é a primeira letra de חטא, *chayt*. Normalmente traduzido como "pecado", *chayt* significa literalmente "errar o alvo". A impulsividade do *Chet* talvez precise ser moderada, e é prudente mirar um pouco melhor antes do salto. *Chayt* faz lembrar também dos aspectos negativos do *chutzpah*, como a arrogância e a grosseria.

Comentários Pessoais

No casamento de uns amigos meus, o rabino me convidou a entrar embaixo do dossel e oferecer uma bênção. Eu estava sentado bem perto do *chupah*, mas, assim que entrei embaixo dele, senti-me como se tivesse entrado num campo de força invisível, mas extraordinariamente poderoso. A sensação me lembrou da época em que eu entrara na árvore sagrada durante uma Dança do Sol dos lakotas. Quando eu mesmo me casei, algumas semanas depois dos meus amigos, descobri que o *chupah* era um recipiente mágico, alquímico.

O *Chet* é o *chupah*. O *Chet* forma um campo de força transformador. Nesse campo de força acontecem milagres. Quando saímos pelo portal do *Chet*, nossa vida se aprofunda e se reanima. *L'chayim!*

ח

Resumo do *Chet*

Valor Numérico: 8.
Palavras: Vida. Medo. Graça. *Chutzpah*. Pecado.
Aplicação: Entrar num nível superior, levar as coisas para uma nova oitava.
Atravessar um portal em direção a novos inícios.
Sentir o medo e ainda assim fazer.
Sombra: Incapacitar-se por medo.
Sempre buscar o novo.
Perder-se em arrogância, grosseria, agressividade.
Reflexão: Em que *chupah* metafórico estou entrando, ou em qual estou agora, ou de qual estou saindo?
Por que transformação estou passando?
Ação sugerida: Faça hoje alguma coisa que exija um certo *chutzpah*.

NOVE

TET

ט

(tét)

SOM: T
VALOR NUMÉRICO: 9

Significados

O Talmud ensina que é um bom sinal quando a letra *Tet* aparece num sonho, porque o primeiro *Tet* da Torah aparece na palavra טוב, *tov*, "bom": "E viu Deus que era boa a luz" (Gên. 1:4). O *Tet* simboliza a bondade essencial, fundamental.

O *Tet* é o símbolo da energia primordial do feminino. A letra tem a forma de uma cobra enrolada em torno de si mesma. Séculos antes de ser associada ao mal, a serpente era uma representação do feminino divino. A forma do *Tet* sugere também um vaso ou taça, símbolos do ventre. Por ser a nona letra e o número nove, o *Tet* preside o ritmo dos nove meses da gestação. Essa letra de bondade contém o poder da gestação e o potencial da vida.

Ao mesmo tempo, os cabalistas associam o *Tet* a uma imagem-chave da potência masculina, a vara ou cajado, porque é a última letra da palavra hebraica שבט, *shevet*, "vara", e a letra central de מטה, *mateh*, "cajado". A vara e a serpente estão intimamente ligadas no folclore e no imaginário. Moisés lança sua vara na terra e ela se transforma numa serpente. Em seguida, ele apanha a serpente e ela se transforma em vara outra vez (Êx. 4:2-4).

Um incidente curioso ocorreu durante a errância dos judeus pelo deserto. Para proteger as pessoas das cobras venenosas que as mordiam e matavam, Moisés fez uma imagem de serpente de cobre, no estilo xamânico, e a colocou sobre uma haste. Quando as pessoas eram mordidas, olhavam para a serpente de cobre e se curavam (Núm. 21:6-9).

A imagem das duas serpentes — ou uma serpente com duas cabeças — enroladas em torno de uma vara é antiga, anterior aos israelitas. Simboliza a poderosa combinação do masculino e do feminino, e é considerada vivificante e curativa. A imagem sobrevive até hoje sob a forma do caduceu — selo de Asclépio, bastão de Hermes e símbolo da profissão de médico. O *Tet* é uma espécie de caduceu em forma de letra.

Mas o *Tet* está relacionado também à morte. Os reis marcavam os locais de sepultamento com o símbolo do Tet. A palavra "morte", em várias línguas, soa parecida com *Tet* (às vezes pronunciada "Teth"), como a palavra inglesa *death* e a alemã *tot*.

O *Tet* faz parte da palavra טיט, *teet*, "barro" em hebraico. O barro é a matriz da morte e da vida, ao mesmo tempo. Todas as coisas retornam à terra ao morrer, absorvidas novamente pelo barro. Mas o barro é também a matéria, ou *mater*, primordial, a Mãe Natureza, a origem da vida, na qual germina a criação.

O *Tet*, portanto, representa a procriação, gestação, florescimento e perecimento de todas as coisas. O *Tet* ensina que isso tudo, esse ciclo sem fim de vida e de morte, é *tov* — é bom.

Aplicação

Como o *Chet*, a letra anterior do *Aleph Beit*, traz a energia do casamento por meio de sua forma de *chupah* — o dossel matrimonial —, essa nona letra, o *Tet*, contém a fase seguinte da vida: o poder de concepção e gestação, literal e metaforicamente. O *Tet* está no centro da palavra מטה, *mitah*, "cama" em hebraico. A cama é o *locus* da procriação, onde o homem se une à mulher para criar uma nova vida. O *Tet* simboliza uma nova criação. Quando o *Tet* aparece em nossas mãos, algumas boas perguntas que se pode fazer são as seguintes: que nova vida está se desenvolvendo em mim? Em que nível e o que estou "gestando"? O que está oculto, em gestação, preparando-se para nascer?

As grávidas sentem freqüentemente o instinto de aninhar, refugiar-se e proteger a nova vida que se desenvolve dentro delas. A escolha do *Tet* oferece uma oportunidade de acalentar e nutrir em silêncio uma nova idéia ou projeto e deixá-la amadurecer interiormente, aos poucos, antes de expô-la ao mundo exterior, que às vezes é cruel.

O *Tet* pode indicar também uma fase de mudança, do mesmo modo como a serpente muda de pele. O que nós já superamos, o que precisamos abandonar, deixar morrer, para abrir caminho para a vida nova? O *Tet* pode representar um período de silenciosa reflexão e proteção. A cobra fica muito vulnerável depois de se desfazer da pele antiga e antes de fortalecer a nova. É hora de retrair-se e evitar riscos.

O *tov* do *Tet* é uma intensa e profunda bondade interior, a bondade primordial da criação, independente das circunstâncias. Certa vez, dois irmãos perguntaram ao líder hassídico, o Maggid de Mezritch, como era possível bendizer a Deus pelo bem e pelo mal igualmente. O Maggid lhes disse que, para descobrir a resposta, deveriam visitar seu aluno, o reb Zusya. O reb Zusya era terrivelmente pobre e sofrido, mas ficou perplexo quando os irmãos o encontraram e lhe fizeram a pergunta. "Não sei por que o Maggid lhes disse para me procurar. Nunca tive um dia ruim na vida".

De modo semelhante, o mestre zen Yun-Men disse a seus ouvintes: "Não quero perguntar-lhes sobre o décimo quinto dia; falem-me sobre o que vem depois do décimo quinto". O décimo quinto dia é o dia da lua cheia, que simboliza a completude ou iluminação. Em outras palavras, Yun-Men está perguntando: "Não me falem sobre o estado de iluminação, em que tudo é completo e pleno. O que vocês têm a dizer sobre o que vem depois da iluminação?" Nenhum dos alunos sabia a resposta, e então, respondendo à própria pergunta, Yun-Men disse: "Todo dia é um bom dia".

A frase de Yun-Men pode facilmente ser mal compreendida ou banalizada. Como o reb Zusya, Yun-Men está falando do nível de realidade essencial, fundamental. Esses dois mestres não estão adocicando o sofrimento. Não estão, como o dr. Pangloss no *Cândido* de Voltaire, pontificando que tudo está bem no melhor dos mundos possíveis.

As palavras de Yun-Men, ressoando através dos séculos, formam a base de um famoso *koan* do zen. Os *koans* não são enigmas inexplicáveis: são apresentações diretas e cogentes da realidade fundamental. Representam temas essenciais da vida que precisam ser decifrados. Os *koans* servem para se incorporar, e não simplesmente para se especular sobre eles. Como se incorpora "todo dia é um bom dia"? Esse é o desafio do discípulo zen ao receber esse *koan* de seu mestre.

É um desafio que não se pode enfrentar com um otimismo ingênuo, fácil, polianesco. A bondade de que o reb Zusya e Yun-Men estão falando vai além de uma filosofia superficial e diz respeito a uma experiência direta da vida fundamental. O *Tet* nos desafia a experienciar a vida nesse nível profundo, absoluto, em que a essência da criação de Deus é o poder das coisas como são — um nível em que o "bom" e o "mau" deixam de existir.

No plano relativo, porém, de nossas vidas, em que existem o bem e o mal e todas as outras dualidades, devemos estar de olhos abertos para a realidade do mal, agir para atenuar sua força e aspirar ao bem maior.

Já vimos que o *Tet* é a chave das palavras hebraicas שבט, *shevet*, e מטה, *mateh*, "vara" e "cajado". Davi canta o poder da vara e do cajado num salmo repleto da energia do *Tet*: "Ainda que eu andasse pelo vale da sombra da morte, não temeria mal algum, porque tu estás comigo; a tua vara e o teu cajado me consolam" (Salm. 23:4). Mesmo na mais horrível das circunstâncias, esse cajado afasta o medo e nos ajuda a experienciar que "todo dia é um bom dia". A letra Tet, que tem a forma de uma taça, nos lembra que nossa taça transborda bênçãos. Mesmo que isso não seja visível agora, a bondade está se desenvolvendo e logo nascerá para o mundo. "Certamente que a bondade [tov, טוב] e a misericórdia me seguirão todos os dias da minha vida" (Salm. 23:6).

Quando o Tet, esse caduceu em forma de letra, aparece, é um momento de equilibrar em nós a parte masculina e a parte feminina e utilizar seu poder composto. O Tet é uma letra poderosa, que ativa a potência ajudando-nos a gestar inspiração, e em seguida ajudando-nos a gestar essa nova semente ou vida até que ela esteja pronta para emergir para o mundo. Então, se Deus quiser, olharemos enfim para nossa nova criação e diremos, como fez o Santíssimo no princípio, que ela é de fato טוב, tov — muito boa.

A Sombra do Tet

Entender e experienciar verdadeiramente cada dia como um bom dia, sem fechar os olhos para a realidade da dor e do sofrimento, é uma tarefa imensa. Um dos perigos do Tet é o de aplicar o "pensamento positivo" de modo superficial. "Ah, tudo é para o bem", dizemos despreocupadamente, negando certas partes de nós mesmos ao adotar uma filosofia do contentamento. A palavra "polianesco" vem da sempre contente heroína de um romance sentimental do século XIX. O perigoso, no polianismo, é que ele realmente dá poder à sombra para que, no fim, ela venha à tona com mais força, seja de dentro ou de fora.

Depois, há o perigo de impor o "pensamento positivo" aos outros, culpando as vítimas de doenças ou acidentes, por exemplo, por não terem tido uma atitude suficientemente positiva, e responsabilizando, assim, elas mesmas por sua condição. É fácil polarizar a experiência, tentar repelir os sofrimentos graves da vida tentando convencer a nós mesmos de que na verdade tudo está bem. O *Tet*, por outro lado, representa equilíbrio, e não polarização; aceitação, e não rejeição; realismo, e não fanatismo; consciência, e não sentimento.

Comentários Pessoais

Tenho um amigo chamado Francesco Patricolo, um gênio excêntrico que faz, entre outras coisas, poesia jazz rap. Numa de suas composições, Francesco canta: "Nos anos 50, fui um Beatnik, um Edsel evolutivo. Nos anos 60, fui um Hippie, um subproduto não utilizado da Revolução Industrial. Nos anos 70, fui um Punk, uma banda de um homem só numa banheira móvel. Nos anos 80, fui um Yuppie, uma vitral num zoológico. Hoje, nos anos 90, no fim do século XX, sou um Dumpy Grumpy*".

Às vezes eu mesmo me sinto um Dumpy Grumpy. Nesses momentos o mundo parece cruel, as pessoas parecem feias e tudo parece triste. O *Tet* tem o poder de livrar-me desse clima de melancolia e negatividade. O *Tet* me reconforta com uma sensação calorosa. Sinto-me seguro em seu refúgio. Aos poucos, tomo consciência do bem que sustenta minha vida. Talvez hoje, afinal, seja um bom dia!

---

* Algo como "desanimado", "entediado", "amuado", "apático" (N. do T.).

Resumo do *Tet*

Valor Numérico:	9.
Palavras:	Bondade. Serpente. Cajado. Barro.
Aplicação:	Dar-se um tempo de concepção e gestação. Livrar-se do que já se desenvolveu demais e precisa ser abandonado. Cultivar o poder criativo do feminino e o poder enérgico do masculino.
Sombra:	Enfatizar em excesso a "bondade". Otimismo polianesco; pensamento positivo fácil.
Reflexão:	O que já superei, o que preciso largar, abandonar, para abrir caminho para a vida nova?
Ação sugerida:	Plante uma semente. Depois, proteja-a e cuide dela enquanto se desenvolve e germina.

DEZ

YUD

י

(iud)

SOM: Y
VALOR NUMÉRICO: 10

Significados

O *Yud* é a menor letra do *Aleph Beit*. Apesar disso, o *Yud* tem grande força e energia primal. O *Yud* é um dínamo, uma usina. *Yud* tem a mesma raiz hebraica de יד, *yad*, que significa ao mesmo tempo "mão" e "poder".

Na verdade, o pequeno *Yud* contém o infinito. Segundo a teoria do *big bang* da criação do universo, toda a matéria emergiu de um pequeno ponto, que explodiu, expandiu-se e gradativamente aglutinou-se em galáxias e sistemas solares. O *Yud* representa aquele ponto inicial, aquela pequena semente da qual brota toda a criação.

O *Yud* é a força elemental e desencadeante da vida. A raiz hebraica de *Yud* significa também "impelir". Depois do casamento do *Chet* e da concepção e gestação do *Tet*, o *Yud* impele a própria manifestação.

O *Yud* é uma letra cósmica. É a única letra do *Aleph Beit* suspensa no ar, sem um apoio no solo deste mundo. O Talmud ensina que Deus usou a letra *Hei* para criar "Este Mundo", enquanto a letra *Yud* foi criada para criar "O Mundo Futuro". Na gramática do hebraico o

Yud indica, do mesmo modo, o Mundo Futuro denotando o tempo futuro dos verbos.

A energia primordial e desencadeante do *Yud* se manifesta em alguns dos mundos que ele inicia. O *Yud* é a primeira letra do santíssimo nome de Deus, o יהוה, *Yud-Hei-Vav-Hei* (ou YHVH). Há uma abreviação de YHVH grafada com dois *Yuds*, o honorífico יי, que geralmente se lê como *Adonai* e se traduz como "Senhor". O *Yud* inicia um outro nome comum da Divindade, יה, *Yah*. É também a primeira letra do povo judaico, ישראל, *Yisrael*, assim como de יהדות, "judaísmo", יהודי, "judeu", e ירושלים, "Jerusalém". A menor de todas as letras é a que inicia as palavras mais poderosas.

O poder do *Yud* reflete-se também em seu número. O *Yud* vale dez. As crianças aprendem a contar nos dez dedos de suas *yadayim*, mãos. (No hebraico, a palavra "mão", יד, *yad*, também conota, como em inglês, "poder", como na expressão "mão de Deus".) Dez é a base do sistema decimal. Deus criou o mundo com dez pronunciamentos. Existem dez mandamentos e dez *Sefirot*, ou ramos, da Árvore da Vida, e são necessárias dez pessoas para completar um quórum de prece, ou *minyan*. O dia mais importante do calendário judaico é o Yom Kippur, o décimo dia do novo ano. O basilar e dinâmico número *Yud*, dez, é a base de nossa capacidade de medir a existência.

Aplicação

O *Yud* conserva a energia da criação original, dessa vez expressa como força transformadora. O *Yud* nos leva com rapidez, numa poderosa onda de mudança, para o amanhã, para o mundo futuro. A palavra "êxodo", יציאה, *yetziyah*, começa com essa letra. Quando o *Yud* impele sua própria manifestação em nossa vida, nós estamos sendo empurrados, querendo ou não, para um novo nível de experiência. Um êxodo pode ser assustador, estimulante, trágico, promissor. O *Yud* nos mostra que, não importa o que pensemos de um êxodo, é impossível apegar-se ao passado. A vida está continuamente nos empurrando para o desconhecido.

A tremenda energia do *Yud* se concentra em sua forma pequena. A letra, que em si mesma é pouco mais do que um ponto, nos estimula à objetividade, à concentração. Qual é a melhor maneira de concentrar nossas energias para aproveitar a onda de transformação do *Yud* com o máximo de graciosidade possível e chegar em segurança a um lugar novo? Podemos ser obrigados a priorizar, a abandonar o que não é mais necessário, a ter clareza quanto ao que realmente queremos levar conosco para o futuro.

O *Yud* é uma letra de grande força, mas, por ser tão pequena, simboliza também a humildade. O *Yud* certamente não é pretensioso, orgulhoso, ostentatório. Seu poder é contido, quase oculto. É fácil subestimar o *Yud*. Moisés, um homem tímido por seu defeito de fala e descrito na Torah como "mui manso" (Núm. 12:3), conduziu, apesar disso, uma nação inteira ao êxodo, da escravidão para a liberdade. O monte Sinai, onde esse homem modesto falou diretamente com Deus e recebeu a Torah, era uma montanha relativamente pequena e de aparência nada imponente. Mesmo os hebreus eram, e ainda são, uma tribo pequena. A Torah os descreve como "menos em número do que todos os povos" (Deu. 7:7).

A pequenez e a humildade, porém, não impedem a grandeza. "Deus exalta quem se humilha", diz o *Zohar*. O *Yud* nos convida a nos humilhar e a reduzir o apego ao ego, mas ao mesmo tempo sem subestimar nosso enorme poder e potencial para a criatividade, o amor e a libertação.

Miquéias preceitua agir de acordo com a energia do *Yud*: "Que pratiques a justiça, e ames a beneficência, e andes humildemente com o teu Deus" (Miq. 6:8). Percorrer o mundo com esse tipo de atitude é um êxodo do egoísmo estreito para liberdade expansiva.

Um poema do poeta sufi Rumi expressa o paradoxo representado pelo *Yud*:

Sou tão pequeno que mal posso ser visto.
Como é possível um amor tão grande dentro de mim?

Veja seus olhos. São pequenos,
mas vêem coisas enormes.

É claro que é mais fácil falar de humildade do que praticá-la. Havia dois comerciantes ricos que competiam para ver quem era mais devoto. Depois de encerradas as longas cerimônias na sinagoga e de todas as outras pessoas terem ido embora, os dois permaneceram em seus lugares e continuaram rezando. Ali ficaram, enquanto o *shamash*, ou zelador, do templo varria o chão e arrumava as coisas em torno deles. Por fim, um dos comerciantes levantou-se e proclamou em voz alta: "Aos olhos de Deus, não sou nada!" — e sentou-se.

Pouco depois o segundo comerciante se levantou e bradou: "Aos olhos de Deus, não sou nada!". E em seguida sentou-se.

O *shamash*, que estivera observando, impressionou-se bastante e, inspirado, gritou também: "Aos olhos de Deus, não sou nada!".

O primeiro comerciante voltou-se, então, para o segundo, apontou para o *shamash* e sussurrou, sarcasticamente: "Veja só quem pensa que não é nada!".

O *Yud* não convida à modéstia falsa e afetada. Ele representa, ao contrário, a profunda humildade do momento em que percebemos que há um grande fluxo de energia cósmica impelindo a nós e ao universo adiante, em direção ao futuro. Há forças maiores em jogo do que nossas pequenas vontades. Quando abandonamos a ilusão do controle e nos harmonizamos com o profundo poder de transformação do *Yud*, o futuro pode ser menos inquietante, e a mudança, menos traumática. Aperte seu cinto — o *Yud* está levando você para a melhor viagem de sua vida!

A Sombra do Yud

Por ser a única letra suspensa no ar, o *Yud* é a menos sólida de todas as letras do *Aleph Beit*. Um dos perigos do *Yud* é o de perder o chão, "desligar-se". Quando estamos concentrados demais no êxodo, no avanço para o "Mundo Futuro", podemos perder o que está bem aqui, à nossa frente. Quando estamos com a cabeça nas nuvens, podemos tropeçar na pedra que há no meio do caminho. Precisamos prestar atenção no presente, mesmo enquanto avançamos para o futuro.

O *Yud* se move rápida e poderosamente e introduz essas qualidades transformadoras em nossa vida. O movimento excessivo e frenético, porém, pode ser incômodo ou prejudicial. Às vezes basta que a mudança nos surpreenda e já não sabemos mais onde estamos. Mas outras vezes, com uma intenção ou ação bem definida, podemos temperar a mudança, desacelerá-la um pouco até atingir um ritmo e um alcance mais manejáveis. Mudar por mudar é muitas vezes inútil. Mas mudar é inevitável. O desafio do *Yud* é o de sentir-se estável mesmo em meio à mudança.

Comentários Pessoais

"Para onde estamos indo?", pergunta um dos batutinhas a Stymie no velho seriado de cinema *Our Gang*, numa cena em que os garotos estão descendo uma ladeira num carrinho improvisado.

"Eu não sei, amigo, mas já estamos chegando!", responde Stymie.

Quando o *Yud* me impulsiona adiante, e sinto o vento soprar em minhas orelhas, e sei que há alguma mudança radical acontecendo, cada vez mais veloz, penso em Stymie. "Já estamos chegando!" O Mundo Futuro está vindo rápido. A humildade, então, aparece naturalmente, quando percebo que não faço idéia do que vai acontecer depois. Em momentos assim, rezo pedindo graça e compostura diante da mudança, e suplico a *Yah*, a *Yud-Hei*, que me dê proteção e orientação.

י

Resumo do Yud

Valor Numérico:	10.
Palavras:	Mão. Poder. Impulso.
Aplicação:	Alinhar-se com o movimento e a mudança deixando claras as prioridades e abandonando o que não é mais necessário. "Que pratiques a justiça, e ames a beneficência, e andes humildemente com o teu Deus."
Sombra:	Perder o chão, "desligar-se". Movimento excessivo e frenético.
Reflexão:	Qual é a melhor maneira de concentrar nossas energias para aproveitar a onda de transformação do Yud com o máximo de graciosidade possível e chegar em segurança a um lugar novo? Estarei preso a opiniões e apegos do ego capazes de impedir o poder transformador do Yud, ou de tornar a viagem mais difícil?
Ação sugerida:	Que espécie de futuro você quer? Dê hoje mesmo um pequeno passo em direção à realização desse futuro.

ONZE

KAF

(kaf) כ

(forma final — ך)

SOM: K
VALOR NUMÉRICO: 20

Significados

Sendo a primeira letra de כסא, kisay, "trono", e כתר, keter, "coroa", e uma letra-chave de מלך, melekh, e מלכה, malkhah, "rei" e "rainha", o Kaf simboliza a realeza e a majestade.

Keter é também o nome da mais alta Sefirah, ou ramo, da Árvore da Vida. Cada Sefirah reflete um aspecto ou energia da Divindade. O Keter é a "coroa de Deus", o reino mais próximo do Paraíso, além da compreensão humana.

O nome do ramo mais baixo da Árvore da Vida, מלכות, Malkhut, "realeza", também contém um Kaf. O Malkhut é a morada de Shekhinah, o aspecto feminino da Divindade. É o reino mais próximo de nossa vida terrena, física.

O Kaf, portanto, está ligado tanto à esfera superior quanto à inferior. É ao mesmo tempo transcendente e base do ser. O Kaf é uma das cinco letras que tomam uma forma diferente quando aparecem no fim de uma palavra. A forma final do Kaf se estende além da linha da escrita, simbolizando a conexão do celestial e do terreno, Keter e Malkhut, espírito e matéria.

Como palavra, *Kaf*, כף, significa a palma da mão (e a planta do pé). As palmas estão associadas ao trabalho produtivo, como na expressão "o trabalho das tuas palmas"*. As palmas têm poder de criar ou conquistar.

APLICAÇÃO

Os personagens dos contos de fadas, como os dos sonhos, representam arquétipos que indicam certas qualidades dentro de cada um de nós. Os reis e rainhas são figuras-chave nas fábulas do mundo inteiro. Às vezes esses contos falam de príncipes ou princesas vagando perdidos pelo mundo, inconscientes ou excluídos de sua descendência real. São obrigados a passar por várias provas e aprofundar sua sabedoria e experiência de vida antes de poder reivindicar seu direito ao trono. A letra *Kaf* é o sonho ou conto de fada da realeza interior. O *Kaf* nos convida a reivindicar soberania e majestade sobre nossa própria vida.

Há um poema de William Stafford, "A Story That Could Be True" ["História que Poderia Ser Verdadeira"], que trata dessa possibilidade:

> *If you were exchanged in the cradle and*
> *your real mother died*
> *without telling the story*
> *then no one knows your name,*
> *and somewhere in the world*
> *your father is lost and needs you*
> *but you are far away.*

---

* A expressão está no Salmo 128:2; nas Bíblias em português, porém, é geralmente traduzida como "o trabalho das tuas mãos" (N. do T.).

He can never find
how true you are, how ready.
When the great wind comes
and the robberies of the rain
you stand on the corner shivering.
The people who go by —
you wonder at their calm.

They miss the whisper that runs
any day in your mind,
"Who are you really, wanderer?" —
and the answer you have to give
no matter how dark and cold
the world around you is:
"Maybe I'm a king."*

"Talvez eu seja um rei." "Talvez eu seja uma rainha." O *Kaf* nos lembra que, não importa qual seja nossa situação exterior, cada um de nós é rei e rainha da própria experiência. Como o *Keter* e o *Malkhut* fazem parte da própria estrutura do cosmos, como revelam suas poderosas posições na Árvore da Vida, o *Keter* e o *Malkhut* interiores, a coroa santa e a realeza sagrada, são inerentes à nossa própria natureza.

---

* Literalmente: "Se você fosse trocado na maternidade e / sua verdadeira mãe morresse / sem contar a história, / ninguém sabe seu nome, / e em algum lugar do mundo / seu pai está perdido e precisa de você, / mas você está muito distante. // Ele não tem como saber / o quanto você é verdadeiro, o quanto está preparado. / Quando vêm o vento forte / e os assaltos da chuva, / você fica na esquina, tremendo de frio. / As pessoas passam — / e você se pergunta como podem estar calmas. // Falta a elas o murmúrio / que passa todos os dias pela sua mente — / 'Afinal, quem é você, peregrino?' —, / e a resposta que você é obrigado a dar, / não importa quão frio e lúgubre / o mundo ao seu redor é: / "Talvez eu seja um rei" (N. do T.).

Como você agiria se fosse um rei ou uma rainha? Com que grau de dignidade, responsabilidade e segurança você se comportaria e lidaria com os outros? Quando aparece o *Kaf*, é uma oportunidade de agir *como se* fosse o caso — não de maneira pomposa ou arrogante, não tiranicamente, mas de modo a incorporar o arquétipo do rei ou rainha nobre e bom. No mito e na fábula, o bom governante restaura no país a ordem, a saúde, a criatividade e a prosperidade. A aceitação do poder do *Kaf* pode ajudar a inserir essas qualidades em nossa vida.

"Majestade" se define como "poder, autoridade ou dignidade de soberano (...); grandeza; magnitude ou esplendor de qualidade ou caráter". O livro mais influente do misticismo judaico é o *Zohar — O Livro do Esplendor*. "Esplendor", aqui, refere-se ao brilho de Deus, mas também à criação de Deus, o que inclui os seres humanos. Reivindicar o esplendor é reivindicar nosso direito hereditário como filhos do Santíssimo.

Enquanto "palma", o *Kaf* nos convida a criar algo de esplêndido no mundo com o trabalho de nossas mãos. Essa criação pode ser literalmente um trabalho manual, como costura, marcenaria, culinária, cerâmica ou qualquer tipo de arte ou ofício manual. E essa criação pode ser também, é claro, trabalho de nossas mãos em sentido metafórico. A mensagem do *Kaf* é a de que cada um de nós tem um dom individual a ofertar, um brilho a que somente nós podemos dar vida.

Relacionado ao mesmo tempo a "criação" e "coroa", o Kaf comunica o poder de criar uma "obra coroadora", uma realização nobre que ajude a manifestar o reino de Deus aqui mesmo. Para realizar uma obra coroadora, é preciso ter uma forte e bem definida intenção, ou *kavanah*, כונה — mais uma palavra energizada pelo *Kaf*.

Há séculos os sábios judeus vêm ensinando que uma *kavanah* forte é essencial para uma prece eficaz e para a execução das ações sagradas. Os textos cabalísticos estão repletos de instruções e práticas detalhadas de como atingir os estados transcendentes direcionando a concentração.

O Oráculo da Cabala ~ 101

Cultivar uma intenção clara e concentrada, porém, é útil à realização de qualquer ato, não apenas dos atos "místicos". A palavra *kavanah*, כונה, vem da raiz *kiven*, כון, "intencionar". O *Kaf* nos convida a intencionar nossos pensamentos e ações com cuidado, a discernir melhor nossos objetivos. Determinação, coragem, perseverança e atenção concentrada são qualidades da *kavanah* evocadas pela letra *Kaf*.

Em diversas artes marciais, como o tai chi e o aikidô, os alunos aprendem a concentrar e fazer circular o *chi* ou *ki*, a energia da vida e força essencial do corpo e do universo. Uma das palavras hebraicas para "energia", כח (*koach*), começa com *Kaf*. Em geral o *koach*, ou *ki*, é direcionado com as palmas das mãos. No sentido de "palma", o *Kaf* nos leva a canalizar nossa própria energia vital com a clareza, o controle e a força de um artista marcial. Quando estamos dispersos ou sem foco, o *Kaf* é o *sensai*, o *rebbe*, o mestre que nos ajuda a nos reconectar ao fluxo do *ki* no *dojo* — centro de treinamento — que é nossa vida.

Desse modo, o *Kaf* como *kavanah* e o *Kaf* como "palma" se unem e nos proporcionam maior mestria e poder, quando concentramos nossa intenção e dirigimos nossa energia vital a um objetivo majestoso.

A Sombra do Kaf

O poder é sedutor. Corrompe facilmente. Um rei ou uma rainha pode tornar-se tirano. Por nos convidar a um maior poder e majestade, o *Kaf* é passível de abusos. Algumas das armadilhas são a arrogância, a soberba, a hipocrisia e a manipulação.

A vontade é traiçoeira. Se não tomamos cuidado, uma intenção forte e clara pode rapidamente se transformar em obstinação destrutiva. Sem perceber nos tornamos déspotas. Quando se trabalha com a poderosa energia do *Kaf*, uma das precauções contra as ciladas dessa dinâmica é lembrar-se de uma prece simples: "Não se faça a minha vontade, mas a tua".

Comentários Pessoais

Avanço rapidamente para o instrutor de aikidô, com a mão erguida, como se fosse golpeá-lo. De repente me vejo voando pelos ares. Quando percebo, estou no chão, deitado de costas, e o atento instrutor está a vários passos de distância, olhando calmamente para mim. Como ele fez isso? Parecia que ele mal se moveu para reagir ao meu ataque — e mesmo assim não há dúvida de que estou aqui, no chão.

O instrutor era mestre do *ki*. Com movimentos sutis das mãos e do corpo e uma intenção poderosa, ele fora capaz de redirecionar minha própria energia e me mandar para os ares. A letra *Kaf* é o mestre de aikidô do alfabeto hebraico. Sólido, objetivo, dignificado e poderoso, o *Kaf* é uma letra com que não se pode brincar ou subestimar. Mas que aliado poderoso! Quando o *Kaf* está plenamente integrado em nosso ser, nós avançamos com segurança em meio a circunstâncias instáveis, em sintonia com o fluxo de *ki* da vida.

כ

Resumo do *Kaf*

Valor Numérico:	20.
Significados:	Palma (da mão).
	Melekh, rei, e *malkhah*, rainha.
	Keter, coroa.
	Kavanah, intenção.
Aplicação:	Agir como rei ou rainha.
	Desenvolver uma *kavanah* clara e forte.
Sombra:	Tornar-se tirano.
	Arrogância e teimosia.
Reflexão:	Qual é o dom pessoal que tenho a ofertar, o brilho a que somente eu posso dar vida? Qual é o melhor modo de começar ou continuar a manifestar esse dom?
Ação sugerida:	Hoje, durante trinta minutos, comporte-se como se você fosse um rei ou rainha nobre, corajoso e bondoso. E fale com os outros como se eles também fossem reis ou rainhas.

DOZE

LAMED

ל

(lámid)

SOM: L
VALOR NUMÉRICO: 30

Significados

A raiz hebraica de *Lamed* — למד — significa ao mesmo tempo "aprender" e "ensinar". Representa também a aguilhada, ou aguilhão, que se usa para conduzir o gado.

Como prefixo, *Lamed* significa, entre outras preposições, "para", "em direção a" e "em". *Lamed* indica movimento em direção a alguma coisa.

É também a primeira letra de לב, *lev*, "coração".

O *Lamed* é a letra mais alta do *Aleph Beit*. Tradicionalmente descrito como "uma torre elevando-se no ar", o *Lamed* ultrapassa a linha superior da escrita de todas as outras letras.

Aplicação

Quando o elevado *Lamed*, o aguilhão, ergue a cabeça e se mostra a nós, talvez precisemos ser aguilhoados para entrar em movimento. Existe algum projeto ou atividade no qual possamos usar um aguilhão? O *Lamed* significa um momento de fazer as coisas acontecerem, de iniciar a ação. Quando estamos procrastinando, o *Lamed* é o aguilhão que diz: "Vamos! Está na hora de seguir em frente!"

Como o *Lamed* é a primeira letra de *lev*, coração, o movimento que ele exige deve estar em harmonia com nosso ser interior. Onde está nossa paixão e nosso prazer? Como o *Lamed*, enquanto preposição, significa "para" ou "em direção a", ele simboliza a aspiração e o movimento do coração em direção a um objetivo ou finalidade — e em direção ao desejo do coração.

Um discípulo pediu ao Vidente de Lublin que lhe mostrasse um caminho universal para servir a Deus. O grande rabino respondeu que era impossível revelar às pessoas um caminho específico para servir a Deus, porque havia muitos caminhos e as pessoas são muito diferentes entre si. O Vidente, porém, deu o seguinte conselho: "Cada pessoa deve observar cuidadosamente a qual dos caminhos seu coração a inclina, e então escolher esse caminho com toda a sua força".

O *Lamed* nos incita a observar cuidadosamente e em seguida escolher com toda a nossa força. O que está nos impedindo? A incerteza, o desespero, a falta de confiança, o medo?

Rumi escreveu:

Esses
curiosos de loja espirituais
que ficam perguntando à toa: "Quanto custa?"
"Ah, estou só olhando."

(...)

Mesmo que você não saiba
o que quer, compre alguma coisa,
para participar
da troca geral.

*Inicie um projeto grandioso e tolo,
como fez Noé.*

*Não importa absolutamente nada
o que as pessoas
pensam de você.*

Quando somos vítimas da ambivalência, da procrastinação, da timidez, da confusão ou de qualquer coisa que inibe uma ação adequada, o *Lamed* nos dá coragem. "Escolha!", incita-nos a letra. "Selecione alguma coisa!"

Sendo a maior letra do *Aleph Beit*, o *Lamed* nos encoraja a "pensar grande", a iniciar um projeto grandioso. Mesmo que ele pareça tolo, sem dúvida aprenderemos com a experiência. Como escreveu Dan Millman, em *O Caminho do Guerreiro Pacífico**, "É melhor cometer um erro com toda a sua força do que evitar cuidadosamente os erros com o espírito trêmulo".

Os remorsos em nossa vida giram mais em torno de ações não praticadas do que em erros ativos. O reb Zusya dizia que no próximo mundo, depois de sua morte, ninguém lhe perguntaria: "Zusya, por que você não foi como Moisés?" A pergunta, em vez disso, seria: "Zusya, por que você não foi um pouco mais como Zusya?"

Esse é nosso desafio: ser nós mesmos plenamente, ser completamente quem somos, fiéis ao nosso âmago, ao nosso *lev*, sem nos intimidar, mas em pé, elevando-nos em nossa individualidade única, como a letra *Lamed*.

A vida é o processo de aprender quem somos, e למד, *lamed*, significa "aprendizado". Às vezes esse aprendizado ocorre num ambiente educacional formal. A escolha dessa letra pode indicar um momento propício para assistir a um curso, seguir um programa de estudos, voltar para a escola. Mas o ambiente não importa muito. O *Lamed* nos lembra de aprender onde quer que possamos nos encontrar, de estudar a vida.

---

* Publicado pela Editora Pensamento, São Paulo, 1993.

Lamed significa também "ensino". O aprendizado e o ensino andam juntos. A tradição judaica sempre deu grande valor a ambos. A profissão de מלמד, *melamed*, ou professor de crianças, sempre foi honrada. Na verdade o nome do coração do estudo judaico tradicional, o Talmud, תלמוד, vem da raiz למד, *Lamed*.

O ensino e o aprendizado, para ser maximamente eficazes, devem vir do *lev*, coração, e tocar o coração. O *Lamed* nos adverte contra o aprendizado seco, céptico, abstrato, ou o ensino embotado e sem paixão. Como diz a canção do musical *Damn Yankees*, "You gotta have heart!"*. É o coração que nos move, é o coração que cria professores memoráveis e é o coração que nos permite tocar os outros.

O *Lamed*, a letra do aguilhão, do aprendizado, do ensino, da aspiração e do coração, é a última letra da última palavra da Torah, ישראל, *Yisrael*. É uma letra grande e contém um grande poder. Quando nos harmonizamos com a energia primal do *Lamed*, passamos por lições profundas, aprendendo quem deveríamos ser.

A Sombra do *Lamed*

O aguilhão do *Lamed* pode sair do nosso controle. Nós nos tornamos submissos, jamais nos satisfazemos e ficamos sempre aguilhoando a nós mesmos ou aos outros, exigindo um esforço cada vez maior. Em vez de alimentar a criatividade e a realização, essa mania de controle pode levar ao vício no trabalho e à exaustão, ou mesmo à loucura.

Quando concentramos a energia de estudo e aprendizado do *Lamed* muito restritamente, para um aprendizado meramente livresco, podemos nos tornar cerebrais em excesso, alienados do corpo e do mundo natural. Quando nos lembramos de que a palavra "dança", מחול, *machol*, contém um *Lamed*, o espírito da dança pode informar nosso aprendizado e evitar que ele se torne seco, sem vida ou desproporcional.

---

* Literalmente, "Você precisa ter coração!" (N. do T.).

O "pensar grande" pode facilmente transformar-se em pomposidade e presunção. O egoísmo, mais do que a aspiração do coração, pode levar a um desejo de destacar-se da multidão, elevar-se acima de todos, como o alto *Lamed*. Talvez seja necessário lembrar que, como disse E. F. Schumaker, "o negócio é ser pequeno". Afinal, aquela gloriosa palavra, ישראל, *Yisrael*, começa com a menor letra do *Aleph Beit*, antes de terminar com a maior. Nossas grandiosas ambições talvez precisem ser temperadas com uma certa humildade e com o coração.

COMENTÁRIOS PESSOAIS

Há um extraordinário contador de histórias em Boston chamado Brother Blue. Durante um intervalo de uma de suas apresentações, aproximei-me daquele venerável bardo para agradecer-lhe. Brother Blue foi amistoso e despretensioso. "O que você faz?", perguntou-me. Na época eu estava trocando de emprego, de modo que hesitei e gaguejei; quando estava começando a dizer o que eu fazia, Brother Blue me interrompeu. Encarando-me com um olhar penetrante, perguntou com autoridade: "O que você *quer* fazer?" Mais uma vez hesitei e gaguejei, e finalmente ele abaixou os olhos e me deixou ir.

Mas eu havia entendido. O *Lamed*, o aguilhão, de sua observação me atingiu em cheio. O que eu mais quero fazer? Qual é minha paixão mais profunda? E o que Deus quer de mim? Qual é meu destino? Frederick Buechner escreveu: "O lugar para onde Deus o chama é o lugar para onde convergem a sua alegria maior e a carência maior do mundo".

As palavras de Brother Blue deram clareza a tudo isso para mim. Sua pergunta simples, mas poderosa, continua me impulsionando, ajudando-me a dar clareza a minha intenção e a ir em direção ao desejo do meu coração. O *Lamed* pergunta, com seu aguilhão, a cada um de nós :"O que você *quer* fazer?"

ל

Resumo do Lamed

Valor Numérico:	30.
Significados:	Aguilhão, aguilhada.
	Aprender. Ensinar.
	Coração. Aspiração.
Aplicação:	Mover-se.
	Pensar grande.
	Aprender e ensinar conforme nosso coração.
Sombra:	Grandiosidade.
	Vício em trabalho.
	Aprendizado estreito, livresco.
Reflexão:	Qual é minha paixão e meu prazer? Qual é o desejo do meu coração?
	Como ir em direção a esse desejo?
Ação sugerida:	Hoje mesmo, dê os primeiros passos em direção à execução de um projeto ou trabalho que você vem adiando.

TREZE

MEM

מ

(mem)
(forma final — ם *)*

SOM: M
VALOR NUMÉRICO: 40

Significados

Segundo o *Sefer Yetzirah*, o texto seminal do misticismo das letras hebraicas, existem três letras-mães no *Aleph Beit*, cada uma das quais representa um elemento estrutural. א, o *Aleph*, significa o ar. ש, o *Shin*, representa o fogo. מ, o *Mem*, é a letra da água. Em hebraico, a palavra "água", מים, *mayim*, começa e termina com *Mem*. Várias palavras relacionadas a "água" começam com *Mem*, como מעין, *mayahn*, "origem", מזרקה, *mizraka*, "fonte", e מוצא, *motza*, "nascente". O *Mem* representa o ritmo natural e fluido da vida.

Em várias línguas a palavra "mar" e o som "m" estão relacionados à palavra "mãe". Em hebraico, por exemplo, ים (*yahm*) significa "mar", e אם (*ahm*) significa "mãe". Em francês, *mer* significa "mar" e *mère*, "mãe". A água é a primeira mãe. Durante nove meses nós flutuamos na água salgada do ventre materno. "Mama" é uma das primeiras palavras que o bebê fala. Os adultos dizem "mmm" quando gostam do sabor de alguma coisa.

A raiz da palavra hebraica רחמים, *rachamim*, "misericórdia" ou "compaixão", é רחם, *rechem*, "ventre". *Rachamim* termina com as mesmas letras de *mayim*: Mem-Yud-Mem. Essa letra-mãe, Mem, representa a qualidade materna da compaixão. A Torah descreve os Treze Atributos da Misericórdia revelados a Moisés no monte Sinai. Mem é a décima terceira letra do *Aleph Beit*. Em várias culturas, treze é um número do poder da mulher, uma vez que há treze ciclos lunares e menstruais num ano solar. Entre os Treze Atributos da Misericórdia estão a beneficência, a generosidade, a tolerância, a verdade, a paciência, a compaixão e o amor (Êx. 34:6-7).

No sistema numérico hebraico, o Mem vale quarenta, número associado à purificação. O מקוה, *mikveh*, tradicional — banho cerimonial de purificação (adotado mais comumente pelas judias ortodoxas, depois de concluído um ciclo menstrual) — contém pelo menos quarenta medidas de água pluvial. O Grande Dilúvio durou quarenta dias e quarenta noites. משה, Moisés (cujo nome, que começa com Mem, significa "resgatado das águas") jejuou e rezou durante quarenta dias em cada uma de suas três estadias no monte Sinai para receber a Torah. Os hebreus vagaram durante quarenta anos no deserto antes de ser considerados prontos para ingressar na terra prometida. O quarenta representa um processo de limpeza, um ciclo de purificação.

A purificação definitiva ocorrerá quando "a terra se encher do conhecimento do Senhor, como as águas cobrem o mar" (Isa. 11:9). Então o mundo estará pronto para receber o משיח, *Mashiach*, o Messias, cujo nome começa com Mem, a letra-mãe.

Aplicação

Todos nós temos uma intimidade natural com a água. Todos nós flutuávamos nas águas do ventre materno antes de nascer. Todos os dias a água entra em nossa boca e percorre nosso corpo. Sessenta e cinco por cento de nosso corpo, na verdade, é composto de água. O Mem é a letra que faz chover essa sustentadora e essencial מים חיים, *mayim chayim* — a água da vida literal e metafórica.

Quando o Mem flui para nossa vida, somos convidados a ser como a água — fluidos, flexíveis, livres. O *Mem* nos conduz quando "seguimos o fluxo". Isso não significa conformar-se indulgentemente ou acriticamente às expectativas sociais, ou ser totalmente passivos. Significa permitirmo-nos nascer no rio da vida de um modo natural e orgânico.

O rio das emoções faz parte do fluxo da vida. Há algum lugar em nossa vida emocional onde estamos bloqueados, onde há uma represa? O *Mem* nos impele a procurar um modo de deixar que nossas emoções voltem a fluir. Estaremos tentando deter um dilúvio de sofrimento tornando-nos emocionalmente frios ou entorpecidos? A palavra "tumor", nas montanhas maias da Guatemala, pode ser traduzida como "tristeza solidificada". Os maias acreditam que, quando as pessoas não sofrem adequadamente, o que inclui liberar o fluxo das lágrimas, a tristeza endurece e causa problemas físicos e emocionais. A solução é encontrar um modo seguro de liberar nossas lágrimas, a fim de que as emoções tristes possam se liquefazer novamente e sair do corpo em vez de ficar presas dentro dele.

O *Mem* nos incita a irrigar a vida com nossas lágrimas, para que a felicidade possa brotar novamente. O rabino Nachman de Bratislava escreveu: "Como é bom conseguir despertar seu coração e suplicar a Deus até as lágrimas escorrerem dos seus olhos e você parecer uma criança chorando para os pais!"

Num conto dos irmãos Grimm, "A Água da Vida", há um rei acamado, agonizando, e o único modo de ele se recuperar é que alguém encontre e leve até ele a Água da Vida. Os três filhos do rei vão, um por um, em busca da preciosa água. O mais jovem consegue, enfim, entrar num castelo encantado. Mas, antes de localizar a fonte de onde jorra a Água da Vida, ele é obrigado a atravessar um grande saguão cheio de homens transformados em pedra — os aventureiros anteriores, paralisados e congelados.

Michael Meade, em seu comentário sobre a história, diz: "Viver no fim do século XX é como participar de um imenso luto. É como um funeral permanente, um grande perecimento da vida do mundo (...). Quando o coração conhece a tristeza, mas jamais chora, a tristeza fica presa como uma tempestade dentro do coração. Quando a tempestade não tem por onde vazar, ela se agiganta e se transforma numa pedra bruta. O choro limpa o coração e o mantém aberto".

Para encontrar a água sagrada que restaura a vida no reino, é preciso ser capaz de suportar o conhecimento da morte e da perda sem transformar-se em pedra. O choro nos permite isso.

Chorar é uma forma de purificação. O *mikveh*, o banho ritual, é outra. Quando o *Mem* aparece, é um momento de *mikveh*, de imergir nas rejuvenescedoras e purificantes *mayim chayim*, águas da vida. Pode ser um *mikveh* literal ou figurado, como a renovação proporcionada por uma caminhada solitária pela floresta. O segredo é limpar-se de tudo o que vem se acumulando há tempos e nascer de novo.

O *Mem* nos convida a nos examinar e verificar o que não está fluindo conforme nossos desejos mais profundos, e em seguida reafirmar nossa intenção de viver conforme esses desejos. A influência purificadora do *Mem* nos inspira a personificar mais plena e coerentemente os Treze Atributos da Misericórdia. Quando expressamos compaixão, bondade, paciência para com nós mesmos, e também para com os outros, nós nos harmonizamos com a energia materna do *Mem*.

מרים, Miriã, cujo nome começa e termina com *Mem*, personifica várias qualidades dessa letra. Miriã ajuda a salvar seu irmão Moisés, ainda bebê, ao deixá-lo no rio para evitar o decreto do faraó de matar todos os meninos judeus que nascessem. É também uma parteira notável. Depois de passar pelas águas do mar Vermelho, Miriã faz as mulheres hebraicas cantarem e dançarem. A água do poço de Miriã e o מן, *manna* (mais uma palavra relacionada ao *Mem*), permitem aos hebreus sobreviver durante seus quarenta anos vagando pelo deserto.

O *Mem*, como símbolo de Miriã, nos leva a cantar e louvar a Deus por nossa sobrevivência até aqui. Atravessamos águas profundas.

Nossa luta ainda não terminou — mas ainda estamos vivos! O *Mem* nos lembra também que existem poços profundos que nós não conhecemos. Existem antigas correntes subterrâneas e ocultas abastecendo esses poços. Quando as encontramos e enchemos nossas caçambas, nós criamos uma conexão com essas correntes profundas da vida. Mesmo quando atravessamos o מדבר, *midbar*, a desolação e o deserto, a antiqüíssima torrente das *mayim chayim* nos mantém.

A Sombra do *Mem*

A Torah fala não apenas das *mayim chayim*, mas também das "águas do mal", que simbolizam as paixões destrutivas ou prejudiciais. As torrentes de sentimentos podem nos submergir, ou submergir os outros através de nós, levando embora as noções de certo e de errado. Podemos ser inundados de grandes emoções. O desafio do *Mem* é nadar pelas regiões aquosas da emoção sem se afogar e sem perder de vista a terra firme da moral.

Um outro perigo do *Mem* é o de nos apegarmos à nossa tristeza como emblema de honra, ou fonte de identidade, em vez de liberar nossas lágrimas como oferenda à terra e a Deus. Quando somos capazes de ofertar nossas lágrimas dessa maneira, elas irrigam uma nova vida e preparam o solo para que se desenvolvam novas bênçãos.

Comentários Pessoais

Estou numa tenda do suor dos lakotas. Escuridão total. Extraordinariamente quente. O suor está realmente escorrendo de mim e caindo sobre as tábuas de cedro que cobrem o chão. Embora todas as músicas cerimoniais até esse ponto tenham sido no idioma lakota, o líder inicia, surpreendentemente, uma canção em inglês e hebraico. "Tire água do poço vivo com alegria. Tire água do poço vivo com alegria. *Mayim chayim*, águas da vida, *shalom*."

Como é estranho e bonito ouvir as palavras hebraicas de Isaías nesse contexto indígena. Quando a porta da tenda se abre, no fim daquela série de preces, alguém traz um balde d'água. Antes que cada um beba sua caneca da preciosa água da vida, o líder derrama um pouco, como ofertório, sobre as pedras aquecidas no centro da tenda. *"Mini wakan"*, diz ele, em lakota; *"mini wa chozen"*. "A água é sagrada, a água é vida". Depois de tanto calor e de tanto transpirar, tiramos água do balde e bebemos com alegria. O líder ensina que a água é medicinal; é sagrada. Para meu corpo, sedento e suado nesse momento, isso é um fato óbvio e delicioso, e não apenas uma teoria ou sentimento.

No mundo, a letra *Mem* até hoje me faz lembrar de *mini wakan, mini wa chozen*. מים קדוש, מים חיים. *Mayim kadosh, mayim chayim*. A água é sagrada, a água é vida.

Resumo do Mem

Valor Numérico:	40.
Significados:	Água. Ventre. Misericórdia.
Aplicação:	Expressar compaixão. Deixar as lágrimas rolarem. Aspirar a ser fluido e flexível.
Sombra:	Submergir em paixões destrutivas. Afogar-se em tristeza.
Reflexão:	Há algum ponto de minha vida emocional onde estou represado, onde há um bloqueio? Como posso libertar minhas emoções para que circulem mais fluidamente?
Ação sugerida:	Nos próximos sete dias, faça alguma forma de *mikveh*. Ele pode variar desde um *mikveh* completo, formal, até um rápido mergulho num rio, lago, piscina termal ou mesmo em sua banheira. O mais importante é imergir com intenção de purificação. Em seguida, beba um simples copo d'água.

CATORZE

NUN

נ

(forma final — ן)

SOM: N
VALOR NUMÉRICO: 50

Significados

Na ordem do *Aleph Beit*, depois do *Mem*, a letra da água, vem o *Nun*. Em aramaico, antiga língua semítica aparentada ao hebraico, a palavra נון, *nun*, significa "peixe".

O grande peixe que engoliu Jonas é um famoso *nun* bíblico. יונה, Jonas, com a letra *Nun* no meio de seu nome, desobedece à vontade de Deus. É atirado ao mar e passa três dias no ventre do peixe. Dentro do *nun* gigante, ele encontra, em vez da morte, a vida; em vez da destruição, a renovação. Jonas sai de sua ordália vivo e transformado (embora ainda tenha que aprender algumas lições sobre compaixão e perdão).

O *Nun*, enquanto "peixe", representa também fertilidade e produtividade. O peixe se reproduz relativamente rápido. No Gênesis, os peixes foram as primeiras criaturas abençoadas: "Frutificai e multiplicai-vos, e enchei as águas nos mares" (Gên. 1:22). Os peixes são também um bom fertilizante, colaborando com a abundância da safra. O *Nun* está relacionado à raiz das palavras hebraicas *nav*, נוב, "brotar", e *n'nun*, ננון, "florescer" ou "vicejar".

Mas, como muitas outras letras hebraicas, o *Nun* contém um paradoxo. O *Nun* significa o oposto de brotar e de florescer, pois está relacionado à raiz do sinônimo hebraico de "declínio" e "degenerado", נון. O *Nun* abrange ao mesmo tempo criação e destruição, fluxo e refluxo. Como peixes nadando entre as marés inconstantes do mar, o *Nun* habita as circunstâncias inconstantes da vida.

O *Nun* é o número cinqüenta. Depois de um ciclo de sete vezes sete anos sabáticos, vem o Jubileu, יובל, *Yovayl*, o qüinquagésimo ano. (Para maiores informações sobre anos sabáticos, consulte o Capítulo 7, *Zayin*.) Durante o ano do Jubileu, os escravos são libertados, as dívidas são perdoadas e a terra volta para seu proprietário original. O Jubileu é um período de liberdade, libertação e retorno.

Na Cabala, cinqüenta é também o número das "portas do entendimento". As cinqüenta portas correspondem aos cinqüenta dias do *Omer* (literalmente, uma medida de trigo), o período entre a Páscoa e o *Shavuot*. A Páscoa comemora a fuga da escravidão no Egito, e *Shavuot* celebra a transmissão da Torah a Moisés no monte Sinai. O *Nun* marca o processo de rompimento dos grilhões da escravidão e o caminho para a revelação e para o lar.

"Jubileu", *yovayl*, significa literalmente "chifre de carneiro". O som dos chifres de carneiro ajuda a destruir as muralhas de Jericó. A pessoa que lidera os hebreus nessa batalha é Josué, a quem a Torah sempre se refere como "Josué, filho de *Nun*". Depois da morte de Moisés, o filho de *Nun* é quem finalmente conduz o povo à terra natal prometida.

Aplicação

Assim como Josué derrubou as muralhas de Jericó, o *Nun* também rompe as muralhas de nossa vida. As limitações, sejam auto-impostas ou impostas externamente, caem diante do poder do *Nun*. Existem vários tipos de muralhas: o ódio, o medo, o preconceito, a ignorância, a ilusão. O *Nun* proporciona a coragem de que essas muralhas podem cair. Nós, como Jonas, podemos encontrar vida e esperança numa situação aparentemente sem saída.

Mas, como no caso de Jonas, a ressurreição exige uma transformação radical. Depois de sobreviver no ventre da besta, não podemos simplesmente voltar à vida de sempre. O *Nun* nos desafia a viver como se tivéssemos emergido das profundezas e recuperado milagrosamente a vida, cuidando do que é realmente importante e abandonando conceitos ultrapassados e limitados e velhos padrões negativos de pensamento e de ação.

O *Nun* rompe limites, elimina barreiras e separações e nos conduz a um jubileu de emancipação. Nas palavras do *spiritual* negro e do famoso discurso "I have a dream" ["Eu tenho um sonho"] do reverendo dr. Martin Luther King, Jr., o *Nun* canta: *"Free at last! Free at last! Thank God Almighty, we are free at last!"**. Esse é o sonho do *Nun*.

Um dos modos de tornar real o sonho de liberdade está sugerido no processo de contar o *Omer*, dia após dia. Essa prática refaz, simbólica e metafisicamente, a passagem dos judeus de sua recente fuga da escravidão para a profunda revelação de Deus, por meio da Torah, no Sinai. Essa passagem é uma jornada gradativa, passo a passo. Inclui vários momentos de dúvida, apostasia e medo. Precisamos de disciplina, perseverança e fé para viajar da escravidão à iluminação. O *Nun* nos conduz no caminho da libertação do que quer que seja limitante e opressivo e nos encoraja: "Continue caminhando! A Terra Prometida está adiante".

Quando se conta o *Omer*, diariamente durante cinqüenta dias, enumera-se: "Hoje é o _____.º dia do *Omer*". Para os cabalistas, cada dia do *Omer* corresponde a uma combinação diferente das qualidades das *Sefirot*, os ramos da Árvore da Vida. Medita-se sobre as qualidades sagradas de cada dia e procura-se incorporá-las.

---

* Literalmente: "Livres enfim! Livres enfim! Graças a Deus Todo-Poderoso, estamos livres enfim!" (N. do T.).

Os cinqüenta dias do *Omer* evocam as Cinqüenta Portas do Entendimento. Não se pode atravessar todas essas portas místicas de uma vez; é um processo gradativo, para a vida inteira. Na verdade, quem atravessa a qüinquagésima porta, já está além do nosso plano de existência atual. O *Nun* estimula a observar e afirmar os pequenos passos de progresso que nós vamos dando conforme avançamos gradativamente em direção à libertação e à iluminação.

Por outro lado, quando as muralhas da ilusão e da separação caem, elas caem mesmo! A iluminação vem de repente, provocada por um som, uma visão, uma palavra, um cheiro. O mundo se impõe a nós, as separações e barreiras se desfazem e a contagem ou prática passo a passo, dia após dia, cede completamente. A Terra Prometida está bem aqui! Parte da tensão, ou dialética, do *Nun* é entre libertação súbita e disciplina diária.

Como lidar com a terrível responsabilidade da liberdade quando ela surge? Os escravos fugitivos — os hebreus — recebem os Dez Mandamentos e a Torah para ajudá-los. Liberdade não significa fazer tudo o que quisermos. Nosso comportamento está circunscrito por uma ordem ética.

Depois de receber a Torah, os hebreus passam mais quarenta anos vagando antes de se fixar. Depois da revelação, a vida continua, dia após dia. Essa, portanto, é a verdadeira substância da liberdade: comer, dormir, caminhar, trabalhar, divertir-se, rezar, falar, cantar. A estrada para a Terra Prometida *é* a Terra Prometida. Com o *Nun*, nadamos à vontade entre as cheias e vazantes da vida. Ora nubladas, ora ensolaradas. Ora tempestuosas, ora calmas. Ora quentes, ora frias. Com lágrimas, risos, enfado, exuberância, cansaço e renovação, medo e exaltação, nós nadamos no grande Oceano.

Em "The Poor Thing" ["O Pobre Coitado"], fábula de Robert Louis Stevenson, um pobre pescador propõe casamento à filha de um nobre rico dizendo: "Imagine nossos filhos, os coraçõezinhos curiosos, as cabecinhas brancas. E que isso seja suficiente, porque é tudo o que Deus oferece". A vida cotidiana comum é ela mesma o grande tesouro.

"Livres enfim!", diz o velho *spiritual*. O *Nun* inicia e termina a palavra hebraica נגון, *niggun*, "música" ou "melodia". Pode-se dizer que os *niggunim* são os "*spirituals* judaicos". Essas canções sem letra dos hassidim servem para derrubar as muralhas entre o humano e o divino, elevar quem canta às alturas do êxtase, abrir as próprias portas do Paraíso. Quando o *Nun* surge nadando em nossa vida, é um bom momento de aprender e cantar alguns *niggunim*. Eles abrem nosso coração, elevam nosso espírito e ajudam a derrubar as muralhas.

A Sombra do *Nun*

Os peixes são frios e ardilosos. Quando personificamos muito literalmente o *Nun*, corremos o risco de procurar evitar as pessoas ou a vida escondendo-nos embaixo d'água, mergulhando fundo para desaparecer de vista. Podemos acabar nadando em águas solitárias. Na tentativa de ser livres, podemos nos ver encurralados em cavernas auto-impostas. O *Nun* nos desafia a encontrar um equilíbrio saudável entre liberdade e disciplina, espontaneidade e método, fluxo e refluxo. Quando nos apegamos demais a apenas uma dessas dicotomias, acabamos capturados pela armadilha do pensamento dualista.

Comentários Pessoais

No Koko An Zen Center de Honolulu, há uma inscrição no bloco de madeira que se usa para bater durante as cerimônias: COMO UM PEIXE, COMO UM TOLO. A frase descreve um certo tipo de liberdade, uma falta de autoconsciência, uma total imersão no momento, o que se valoriza muito no Zen. O *Nun* simboliza essa liberdade, a liberdade de um peixe nadando na água ou de um pássaro voando pelos ares, naturalmente à vontade no meio onde vivem. O *Nun* não se importa com inteligência ou boas idéias. O *Nun* não se importa se obtenho sucesso ou fracasso em algo. Quando surge o *Nun*, lembro a mim mesmo: "Seja mais tolo, e mais tolo ainda. Seja como um peixe, como um tolo!"

נ

Resumo do *Nun*

Valor Numérico:	50.
Significados:	Peixe. Fertilidade. Crescimento e declínio, queda e ressurreição. Jubileu.
Aplicação:	Nadar, acompanhando as cheias e vazantes da vida. Derrubar as muralhas da separação, da ignorância, do medo, do ódio. Desfrutar de um *jubileu* de liberdade.
Sombra:	Frieza. Indiferença.
Reflexão:	Estou me apegando a conceitos ultrapassados e a antigos e negativos padrões de pensamento e de ação? Como posso me libertar deles e nadar com mais liberdade nas correntes da vida?
Ação sugerida:	Eleve seu coração e seu espírito cantando um *niggun* durante pelo menos cinco minutos hoje. Se você não conhece nenhum *niggun*, procure alguém que possa ensiná-lo ou invente um, cantando *"dai, dai, dai"* ao som de alguma música sua.

QUINZE

SAMECH

ס

(sámech)

SOM: S
VALOR NUMÉRICO: 60

Significados

O nome da letra *Samech* vem da raiz hebraica סמך, *simach*, "amparo" ou "esteio". O *Samech* é o símbolo do amparo e da proteção de Deus. O caráter permanente desse apoio é representado pela forma contínua da letra — ela não tem começo nem fim. A forma manuscrita do *Samech* é um círculo perfeito.

A parte interna do *Samech* está coberta, protegida. O *Samech* inicia סוהרה, *sohirah*, "escudo" e "broquel" em hebraico. O Salmista canta que Deus "é escudo e broquel" (Salm. 91:4).

A סבה, *sukkah*, ou tenda, que também começa com *Samech*, é uma forma literal de abrigo. Outras fontes de apoio menos físicas que se iniciam com essa letra são: ספר, *sefer*, "livro"; סדור, *siddur*, "livro de oração"; e ספור, *sipur*, "história". Todos eles podem ser recipientes ou vasos de amparo e proteção.

A raiz hebraica *Samech* significa não apenas "amparar" mas também "ser amparado". O *Samech* é portanto uma letra de interdependência, de reciprocidade. Nada existe no vácuo ou no isolamento. Tudo depende de tudo. Nós amparamos mesmo enquanto estamos sendo amparados.

Os budistas descrevem essa vasta rede de conexões como a Rede de Indra. Cada nó dessa rede é uma jóia única. Cada uma das jóias reflete perfeitamente todas as demais jóias da rede e contém todos os reflexos dentro de si.

O nome em inglês de um certo tipo de jóia, a safira, vem de ספירה, *Sefirah*. As *Sefirot* são os vasos da energia divina num outro modelo de existência, a Árvore da Vida cabalística. As *Sefirot* são representadas como dez ramos, cada um significando um aspecto de Deus. Foi por meio dessas dez emanações ou energias divinas que o mundo passou a existir. O *Samech* e a forma final do *Mem* são as duas únicas letras do *Aleph Beit* totalmente fechadas. Como as jóias da Rede de Indra, cada *Sefirah* é inteiramente única e independente, completa em si mesma, fechada, mas ao mesmo tempo totalmente conectada às outras. E, como cada uma das jóias da Rede de Indra, cada *Sefirah* contém dentro de si todas as outras *Sefirot*.

Embora a natureza fechada do *Samech* torne a energia dessa letra difícil de atingir quando ameaçada ou atacada, talvez a torne também difícil de atingir no sentido de compreender. O *Samech* inicia as palavras סוד, *sod*, "segredo", e סודי, *sodi*, "misterioso". Mesmo as *Sefirot* são difíceis de compreender. Tradicionalmente era proibido até mesmo tentar compreendê-las, a não ser para quem fosse casado, tivesse pelo menos quarenta anos de idade e fosse aceito formalmente como discípulo por um rebbe que fosse, ele próprio, qualificado para transmitir os ensinamentos secretos. Sua intensidade era considerada demasiado grande e potencialmente perigosa para ser revelada ao não iniciado. Do mesmo modo, o fechado *Samech* contém um poder secreto e cerrado.

O *Samech* vale sessenta. Salomão tinha uma guarda de sessenta valentes — homens heróicos que o protegiam enquanto dormia. "Eis que é a liteira de Salomão; sessenta valentes estão ao redor dela, dos valentes de Israel: todos armados de espadas, destros na guerra: cada um com a sua espada à cinta, por causa dos temores noturnos" (Cant. 3:8). O *Samech*, como o número sessenta, circunda cada um de nós em seu campo de força protetor.

APLICAÇÃO

A tensão do *Samech* é entre interdependência e independência, amparo e segredo. Quando o *Samech* rodeia nossa vida, somos confrontados com essa natureza dupla. O *Samech* nos desafia a encontrar um equilíbrio entre essas duas tendências. Ora confortamos, ora somos confortados. Ora elogiamos, ora somos elogiados. Ora damos, ora recebemos. Apegar-se a um ou outro lado dessa troca interrompe o fluxo circular de energia do *Samech*.

O livro do Eclesiastes diz que tudo tem o seu tempo — nascer e morrer, buscar e perder, estar calado e falar. Quando surge o *Samech*, o símbolo do amparo, é o momento de amparar alguma coisa e deixar-se amparar. O que precisa de nosso auxílio hoje? Como podemos nos permitir receber auxílio? Que aspectos de nossa natureza seriam favorecidos se recebessem um amparo?

Pode ser difícil estar aberto o suficiente para ser capaz de receber amparo. A forma autônoma do *Samech* ilustra a tendência a esconder-se ou isolar-se. Podemos tentar nos esconder numa concha, ou dispor as carroças em círculo e fazer uma barricada contra o mundo exterior, mas não adianta. Mais cedo ou mais tarde o mundo entra, mesmo que seja sob a forma da água que bebemos, do ar que respiramos, dos sons que ouvimos. Há uma cadeira para nos amparar mesmo quando, isolados, nos afundamos na mesa solitária. Seremos capazes de dispensar o generoso amparo proporcionado pela cadeira?

O reverendo dr. Martin Luther King, Jr. escreveu que todos nós estamos "presos numa teia inescapável de mutualidade, entrelaçados num mesmo tecido de destino".

Como disse um mestre zen, "somos todos membros de uma mesma sociedade-narina".

O *Samech* nos desafia a reivindicar nosso lugar nessa sociedade, abrir-nos para nosso lugar particular na Rede de Indra, participar da troca, do intercurso da vida.

Porém, como às vezes acontece com as relações sexuais, podemos ceder em excesso. Podemos nos machucar. Podemos perder nosso tesouro. O *Samech* simboliza não apenas o amparo mútuo como também a independência, a defesa, a proteção. É prudente guardar com cuidado as jóias de nosso tesouro interior. E também não cobiçar o do outro.

"Diga-o ao sábio ou não diga nada, pois a multidão zombará de você imediatamente", diz Goethe. O *Samech* é uma letra de *sodot*, de segredos. Em que ocasiões ser reservado é sabedoria e prudência e em que ocasiões é ansiedade e medo? Quando é preciso estar aberto e compartilhar e quando é preciso guardar-se e precaver-se? Tudo tem o seu tempo — mas às vezes é difícil saber para que é este momento, agora!

O *Samech* nos ampara encontrando um equilíbrio saudável entre esses dois pólos. A energia *Samech* dos sessenta valentes guerreiros que guardavam, de espada à mão, o rei Salomão enquanto dormia, está presente também para nos proteger. O *Samech* nos protege lembrando-nos de que nada, na verdade, está fora de nós. Walt Whitman escreveu: "Sou amplo. Contenho multidões". Tudo, fundamentalmente, está contido dentro do círculo primal do *Samech*. Estamos seguros.

A Sombra do *Samech*

Um aspecto da sombra do *Samech* já foi mencionado — a tendência a bloquear-se e fechar-se. O *Samech* é uma letra de proteção, mas é fácil tornar-se precavido e defensivo em excesso. Logo, é importante sair do retiro e juntar-se à *hora*, à dança circular comunitária.

O *Samech* contém também as armadilhas gêmeas de tornar-se excessivamente protetor ou excessivamente dependente dos outros. Podemos nos estender demais, indo além do que é bom para nós ou para os outros. Por outro lado, podemos perder de vista nossa própria natureza intacta e contida e depender excessivamente de alguma outra pessoa. Quando nos vemos perdidos num dos dois extremos, podemos tomar a nós mesmos pela mão e permanecer em silêncio dentro da *sukkah*, o abrigo de nosso eu único, interconectado e misterioso. Aí está nosso tesouro, esperando por nós.

Comentários Pessoais

Nosso seder de Páscoa estava para terminar e nós queríamos cantar uma última canção. Deborah lembrou-se de uma boa — um cântico fácil de aprender. "Somos um círculo dentro de um círculo, sem começo nem fim." E só. Essa é a canção inteira. O verso final retomava o primeiro, de modo que a canção simplesmente continuava indefinidamente, crescendo em poder conforme as vozes das pessoas iam ganhando mais confiança e enriquecendo-se conforme mais harmonias iam sendo acrescentadas. Por fim, depois de um momento longo e extático, a canção se desvaneceu e nosso seder terminou. Nosso círculo estava completo.

O *Samech* (que inicia a palavra סדר, *seder*) é o círculo dentro de um círculo. O próprio seder de Páscoa retorna aos nossos antepassados, pois comemoramos sua luta pela libertação. O *Samech* me lembra de que faço parte — como na visão de Ezequiel, de uma roda dentro de uma roda — de círculos dentro de círculos dentro de círculos dentro de círculos. Esses círculos todos têm o poder de me livrar do egoísmo, ao menos por um breve período, e de lembrar-me do *sod*, da natureza misteriosa de nossa interconexão.

ס

Resumo do *Samech*

Valor Numérico:	60.
Significados:	Amparar. Ser amparado. Esteio. Segredo.
Aplicação:	Encontrar um equilíbrio entre interdependência e independência, proteção e reserva.
Sombra:	Bloquear-se e fechar-se. Tornar-se excessivamente protetor ou excessivamente dependente dos outros.
Reflexão:	Quem ou o que precisa do meu auxílio? De que espécie de cuidado ou assistência eu preciso?
Ação sugerida:	Ampare alguém hoje e deixe-se amparar de modo tangível.

DEZESSEIS

AYIN

(áyin)

SOM: silencioso*
VALOR NUMÉRICO: 70

Significados

Ayin, עין , significa "olho", e o nome da letra soa como essa palavra inglesa**. O *Ayin* simboliza diversos tipos de visão, como a introvisão, a previsão, o panorama, a perspectiva.

Os olhos precisam de luz para enxergar. O *Ayin*, portanto, é uma letra da luz e da iluminação, assim como da visão.

"Não havendo profecia, o povo se corrompe", diz Provérbios (Prov. 29:18). O profeta, o vidente, preserva a visão da comunidade, e com isso ajuda a vida a manter-se viva. O *Ayin* é o vidente do *Aleph Beit*.

O *Ayin* enquanto vidente reflete-se em seu valor numérico. O *Ayin* vale setenta. Moisés indicou setenta anciãos para ser os "olhos

---

* O *Ayin* é uma letra silenciosa, mas, no hebraico moderno, quando há um símbolo de vogal junto ao *Ayin*, o som dessa vogal é pronunciado. O *segol*, por exemplo — os três pontinhos abaixo do *Ayin* em עֶלְיוֹן, *elyon* —, indicam o som "e".
** "Eye" (N. do T.).

da comunidade" e ajudá-lo a julgar o povo. Esses setenta foram dotados do poder de profetizar e adquiriram, assim, a perspectiva necessária para julgar com prudência. Os setenta anciãos tornaram-se o modelo dos *Sanhedrin*, o supremo tribunal religioso/judiciário de Israel (ver Núm. 11:24-25).

Ayin, עין, significa também "nascente" ou "fonte".

Aplicação

"Abra os olhos!", diz o *Ayin*. Perceber de verdade as coisas deste mundo, enxergar realmente o que está diante de nós, é uma tarefa intimidante. Quando nossa mente está tão cheia de pensamentos que mal prestamos atenção no que está à nossa frente, nós não estamos realmente vendo. Portanto, um dos modos de aplicar a lição do *Ayin* é olhar mais atentamente para o mundo. Como são as texturas sutis das nuvens, os matizes de azul e cinza no céu? De que cor são os olhos dessa pessoa? Como as árvores se agitam com a brisa? Como disse Yogi Berra, "você consegue ver muita coisa apenas observando".

O poeta japonês Bashô escreveu:

Quando observo atento,
Nazuna está florescendo
Por baixo da sebe.

Nazuna é uma pequena planta conhecida entre nós como bolsa-de-pastor. É fácil ignorá-la ou desprezá-la como simples erva daninha, mas, ao observá-la atento, Bashô a estima profundamente. O *Ayin* nos convida a olhar com a mesma atenção para o que nos cerca para estimar plenamente a vida, sem ignorá-la passar.

Ao mesmo tempo, o *Ayin*, enquanto letra da introvisão, nos leva a olhar para dentro, a ir além das aparências externas e enxergar os mecanismos internos de cada situação, observar tudo para distinguir o *Ayin* — a "nascente" ou "fonte". Quando aguçamos nossa visão e desenvolvemos a capacidade de enxergar o que não está evidente apenas para o olho físico, ganhamos uma perspectiva mais profunda. Podemos perceber, por exemplo, palavras não ditas, emoções sutis, medos e desejos e inseguranças subjacentes ao comportamento dos outros e de nós mesmos. Conforme adquirimos introvisão, nós desenvolvemos uma perpectiva mais compassiva e menos reativa.

Sem o espírito de compaixão, o *Ayin* da introvisão pode transformar-se num עין הרע, *ayin hora*, "olhar maléfico". É o olhar sentencioso, o olhar frio, o olhar invejoso, o olhar cruel e cheio de maldição. O rabino Nachman dizia: "Tome cuidado, há muito poder num olhar. Quando acompanhado de um pensamento malicioso, pode causar danos. É o que se conhece como olhar maléfico".

O desafio do *Ayin* é discernir sem rebaixar, permitir que a bondade tempere a agudez de nossa visão, manter os olhos abertos para o mal e a ganância do mundo sem tornar-se céptico ou desesperar-se.

Como símbolo dos setenta juízes indicados por Moisés, o *Ayin* é a letra do julgamento sábio, da percepção crítica. Quando o *Ayin* se deixa ver por nós, é o momento de observar cuidadosamente e avaliar com clareza o que está diante de nós, decidir como um bom juiz, a partir dos fatos da situação, ou talvez observá-la sob uma ótica diferente. Devemos tomar cuidado para não ser ingenuamente crédulos e deixar-nos enganar, ou ter os olhos vendados por quem não nos deseja nenhum bem.

Devemos também estar conscientes de nossas próprias projeções e preconceitos, que podem distorcer nossa visão. Libra, a imagem da Lei imparcial, usa uma venda nos olhos e ao mesmo tempo carrega a balança da justiça nas mãos, para poder ver e julgar com clareza e justiça.

Tirésias, o famoso vidente das lendas e do teatro grego, era cego. Diz-se que o renomado rabino hassídico Jacob Yitzhak, conhecido como o Vidente de Lublin, enxergava mal. O *Ayin* é a letra da intuição, visão interior e previsão, tanto quanto da visão literal. Escolher essa letra é um convite para aceitar e confiar na intuição, prestar atenção nos sonhos. O profeta é um *clairvoyant* [clarividente], palavra francesa que significa "o que vê com clareza". O *Ayin* nos convida a cultivar essa visão clara, que pode estar latente e adormecida em nós. Começamos por perceber e respeitar os sentimentos intuitivos, sem rejeitá-los por reflexo.

Sendo a letra da luz, o *Ayin* lança uma luz sobre os temas em pauta. Quando surge o *Ayin*, é o momento de iluminar certos locais escuros para obter informações e discernimento. É o momento ideal para a iluminação. O mestre zen Wu-Men, do século XIII, descreve a experiência da iluminação como andar "de mãos dadas com todos os Antigos Mestres das sucessivas gerações de nossa linhagem, com os pêlos das suas sobrancelhas entrelaçados nos deles, vendo com os mesmos olhos, ouvindo com os mesmos ouvidos".

O místico cristão Meister Eckhart disse: "O olho com que vejo Deus é o mesmo olho com que Deus me vê; o meu olho e o olho de Deus são um só olho, uma só visão, uma só sabedoria, um só amor". Perceber essa íntima visão recíproca, quando se vê Deus "olho a olho" (Is. 52:8), é a aspiração suprema do *Ayin*.

O "terceiro olho" é, em várias culturas, a sede da sabedoria intuitiva. Esse ponto — localizado na testa, um pouco acima do ponto entre os olhos — é a posição da *tefillin*, os filactérios usados durante as preces matinais. Escolher o *Ayin* é uma oportunidade de rezar para que nosso terceiro olho se abra, para que possamos crescer em sabedoria e discernimento. "Desvenda os meus olhos, para que eu veja as maravilhas da tua lei" (Salm. 119:18) é a prece do *Ayin*.

Quando vemos com os olhos do *Ayin*, tornamos realidade a visão inspirada de Joel: "Vossos filhos e vossas filhas profetizarão, os vossos velhos terão sonhos, os vossos mancebos terão visões" (Joel 2:28).

A Sombra do *Ayin*

Uma das sombras do *Ayin* manifesta-se de um modo bastante literal. Quando avançamos em direção à "luz", em busca da iluminação, nossa sombra está atrás de nós, onde não podemos vê-la. Os abusos de poder e sexo presentes em várias comunidades religiosas é uma prova dessa tendência, por parte dos que buscam a luz, a tornar-se cegos para sua própria natureza obscura, ou a fechar os olhos para os erros dos líderes espirituais. O Talmud adverte: "Quanto maior o sábio, maior a inclinação para o mal". O *Ayin* exige uma visão clara, mas compassiva, e uma avaliação prudente de nós mesmos e dos outros.

O *Ayin* simboliza, às vezes, a avareza e a cobiça. "Os olhos do homem nunca se satisfazem", diz Provérbios (Prov. 27:20). Quando nossos olhos não se saciam e ficamos sempre tentando preenchê-los com visões diferentes ou pessoas novas, essa letra pode ser um lembrete para que cultivemos uma visão interior que não busque satisfação fora de nós mesmos.

Comentários Pessoais

Jim, o cavador de poços, chegou em nossa propriedade rural num grande caminhão, cheio de tubos, manivelas e imensas sondas. Saiu do enorme veículo segurando uma pequena forquilha — uma varinha divinatória. Em seguida, caminhou pelo campo, com a forquilha nas mãos, esperando pela sutil oscilação na ponta da varinha que indicaria uma fonte subterrânea de água e um local propício para cavar um poço. Quando terminou, os sinais estavam claros. Havia um certo local, disse ele, para onde convergiam duas correntes subterrâneas. Era onde o poço deveria ser feito. Jim foi capaz até mesmo de calcular a profundidade aproximada em que estaria a água. O buraco foi cavado, e constatou-se que Jim estava certo.

Com a forma de uma forquilha, o *Ayin* nos ajuda a adivinhar, prever, observando o que está por baixo da superfície das coisas e encontrando correntes subterrâneas de pensamentos, emoções e energias. Seu próprio nome significa "fonte" ou "nascente". Quando essa letra surge, lembro-me de perceber as sugestões sutis da intuição. Essa percepção se aprofunda até o ponto em que consigo silenciar minha mente e deixar-me guiar pelo *Ayin*, com seu antiqüíssimo olhar que penetra no cerne das coisas.

Resumo do *Ayin*

Valor Numérico: 70.
Significados: Olho. Discernimento. Visão. Nascente ou fonte.
Aplicação: Abrir os olhos.
Observar o que está por baixo da superfície das coisas.
Discernir sem ser friamente categórico.
Cultivar a intuição.
Sombra: Tornar-se cego para o lado obscuro de nós mesmos ou dos outros.
Avareza e cobiça.
Reflexão: Como posso fortalecer minhas capacidades de percepção e aprofundar minha intuição?
Ação sugerida: Hoje, durante pelo menos uma hora, pratique a expressão do amor-bondade com os olhos, permitindo que eles comuniquem bondade e suavidade às pessoas que você encontrar.

DEZESSETE

PEI

פ

(pei ou pé)

(forma final — ף)

SOM: *p, f*
VALOR NUMÉRICO: 80

Significados

פה, *Pei* ou *Peh*, quer dizer "boca". É o símbolo das atividades profundamente poderosas da fala e da comunicação. No Gênesis, Deus cria todo o universo por meio da fala.

O *Pei* vale oitenta. Quando ouviu o chamado para conduzir os hebreus à liberdade, Moisés tinha, segundo a Torah, oitenta anos de idade. Moisés foi capaz de falar com Deus "boca a boca" (Núm. 12:8) e de ser o porta-voz de Deus — mesmo tendo uma séria dificuldade de fala! Alguns comentaristas dizem que Moisés era gago, enquanto outros acreditam que ele tinha dificuldade de pronunciar determinadas consoantes.

Quando teve a visão da sarça ardente e ouviu a voz de Deus lhe ordenando guiar o povo hebreu na fuga da escravidão do Egito, Moisés objetou. Argumentou que não estava qualificado para ser líder, por ser "pesado de boca, e pesado de língua".

A resposta de Deus às objeções de Moisés foi: "eu serei com a tua boca, e te ensinarei o que hás de falar". Além disso, o irmão mais velho de Moisés, Aarão, o auxiliaria como porta-voz (Êx. 4:10-16). Moisés é, portanto, o protótipo daquele que transcende as limitações e cuja boca é desobstruída para falar com inspiração divina.

APLICAÇÃO

O ideal do *Pei* é a fala inspirada, em que as palavras fluem com um espírito de santidade e nós conseguimos dizer o necessário de maneira adequada, eficaz e eloqüente. "O coração do sábio instrui a sua boca, e acrescenta doutrina aos seus lábios" (Prov. 16:23). O *Pei* nos convida a falar a partir do coração.

"O homem se alegra na resposta da sua boca, e a palavra dita a seu tempo quão boa é!" (Prov. 15:23). Existe algo que precisa ser dito? Será este o momento de dizê-lo? O *Pei* nos estimula a falar sem embaraço, a falar alto, a reivindicar nosso direito de ser ouvidos e a não ter medo.

Por outro lado, há algumas situações em que a prudência e o controle são mais adequados. Quando o *Pei* surge, é uma oportunidade de medir as palavras. O *Pei* pode ser um sinal para ficar quieto, calar a boca e ouvir. Há um provérbio judaico que ensina que, como nós temos duas orelhas e apenas uma boca, devemos ouvir duas vezes mais do que falar.

A fala é extraordinariamente poderosa. Pode ser criativa ou destrutiva. O *Pei* nos lembra de não subestimar esse poder. Devemos tomar especial cuidado para não ceder à *lashon hara*, à "língua maléfica" da fofoca ou difamação maliciosa.

O Reto Falar é um dos "Oito Nobres Caminhos" do budismo para a tranqüilidade, o discernimento e a iluminação. O Reto Falar compreende abster-se de mentir, de gerar desarmonia por meio da calúnia e da difamação, de usar linguagem maliciosa ou insultuosa e de falatório ou mexerico frívolo. "Quando nos abstemos dessas formas erradas e prejudiciais de falar, somos naturalmente obrigados a dizer a verdade, a usar palavras amigáveis e benevolentes, agradáveis e gentis, significativas e úteis. Não devemos falar descuidadamente: há o momento certo e o lugar certo para falar. Quando não temos nada de útil para dizer, devemos guardar o 'nobre silêncio'."

Há uma história hassídica em que o profeta Elias aparece disfarçado de vagabundo em andrajos e repreende o rabino Bunam e seus companheiros por debater a aceitabilidade dos alimentos que lhes foram servidos numa estalagem estranha. "Oh, hassidim! Criais uma grande comoção quanto à limpeza do que levais às vossas bocas — mas não vos preocupais nem a metade com a pureza do que sai de vossas bocas!"

Jesus, no mesmo sentido, declarou: "O que contamina o homem não é o que entra na boca, mas o que sai da boca, isso é o que contamina o homem" (Mt. 15:11).

Às vezes *não* falar contamina a pessoa. Há momentos em que falar é necessário. Estaremos evitando, por timidez ou medo, comunicar nossos sentimentos ou idéias? Ou por raiva, ou ressentimento? O *Pei* nos convida a falar quando necessário e cabível, a expressar quem somos, sem nos esconder por trás do silêncio. Podemos ter algo transformador para comunicar a alguém — mas isso precisa ser dito para que a transformação aconteça. Às vezes lamentamos mais as coisas que deixamos de fazer ou dizer do que as coisas que efetivamente fizemos ou dissemos. O *Pei* recomenda: "Fale enquanto há uma chance. A vida passa rápido. Não deixe a oportunidade passar".

A atitude subjacente ao reto falar foi descrita por Robert Aitken num livro de título apropriado, *Encouraging Words* [*Palavras Encorajadoras*]:

> O falar nobre e reto vem do entendimento claro de que nenhum de nós estará aqui por muito tempo e nos convém ser bons uns com os outros enquanto pudermos. Vem de saber, no coração, que precisamos uns dos outros e não podemos sobreviver sozinhos. Faço voto de falar por consideração à fragilidade de meus

amigos, e à minha própria fragilidade, e por consideração à nossa íntima relação familiar. Faço voto de não falar como se os erros dos outros fossem intrínsecos, ou como se eu fosse separado.

Antes de ler a *Amidah*, uma parte central de toda cerimônia de prece judaica, os fiéis recitam o seguinte versículo dos Salmos: "Abre, *Yah*, os meus lábios, e minha boca entoará o teu louvor" (Salm. 51:17). É a prece do *Pei*: que nossos lábios se desembaracem para expressar gratidão. Essa gratidão, seja ela dirigida a Deus ou a outras pessoas ou seres, deve ser expressa em voz alta para que sua mensagem possa ressoar. O Talmud ensina que os sentimentos de amizade devem ser verbalizados. No mesmo sentido, consideram-se incompletos o arrependimento e a confissão enquanto não expressos em voz alta. Todas as formas de promessa, desde votos de matrimônio até juramentos de posse, só se tornam oficiais depois de pronunciadas. "Fale!", incita-nos o *Pei*.

A palavra falada está no centro da observância religiosa judaica. A Torah é lida em voz alta toda semana. A leitura silenciosa da Torah ou de outras preces é considerada inadequada; o som das palavras precisa reverberar no ar para que os ensinamentos ganhem vida. Falar e ouvir são atos profundamente íntimos. "*When I speak, the bones in your ear vibrate*"*, disse o poeta Etheridge Knight. O *Pei* nos informa da intimidade e do poder da palavra falada, e nos incita a não tomá-los como pressupostos.

Por outro lado, se tivermos consciência da potencialidade para o bem ou para o mal de nossas palavras (ou de nosso silêncio), podemos rezar com Davi: "Sejam agradáveis as palavras da minha boca e a meditação do meu coração perante a tua face, *Yah*" (Salm. 19:14).

---

* Literalmente: "Quando falo, os ossos em sua orelha vibram" (N. do T.).

A Sombra do *Pei*

Um aspecto negativo do símbolo da boca é falar demais. "A voz do tolo [vem] da multidão das palavras" (Ecles. 5:3). Talvez precisemos ser sempre lembrados do exercício do autocontrole e ficar em silêncio. Essa prática pode ser contínua.

Ou talvez sejamos silenciosos demais. O *Pei* nos convida à comunicação equilibrada, à expressão compassiva. Alguém que conhecemos talvez precise desesperadamente ouvir uma palavra gentil, ou um esclarecimento de um mal-entendido.

É bastante humana a tendência a fofocar, a falar mal dos outros e a espalhar boatos. O *Pei* nos pede para resistir a essa tentação e elevar, em vez disso, o nível de nosso falar, para que nossas palavras sejam de bênção e não de maldição.

Comentários Pessoais

É natural, para o ser humano, falar, cantar, narrar histórias. Às vezes, quando não preciso prestar atenção no significado das palavras à minha volta, consigo ouvir as vozes humanas como sons do mundo natural, feito o canto dos pássaros ou grilos ou o som do vento nas árvores. No coro das múltiplas vozes da natureza, os sons humanos são apenas uma parte do todo.

Quando consigo me lembrar desse modo de perceber a fala humana, fico um pouco menos propenso a me aborrecer com as palavras dos outros ou reagir a elas. Fico também um pouco menos autoconsciente e tímido de lançar minha própria voz ao mundo. Afinal, é apenas o som da terra se expressando, a voz da natureza se manifestando como minha voz. O *Pei* me lembra de que o universo está repleto de várias espécies de vozes e falas. Rezo para que eu seja capaz de ouvir a harmonia existente nessa multiplicidade de sons.

פ

Resumo do *Pei*

Valor Numérico: 80.
Significados: Boca. Comunicação.
Aplicação: Falar a partir do coração.
Falar quando necessário e guardar silêncio quando couber.
Praticar o "Reto Falar".
Expressar gratidão em voz alta.
Sombra: Falar demais.
Não falar o bastante.
Fofocar.
Reflexão: Há alguma palavra que eu preciso dizer a alguém e que venho silenciando por medo, timidez ou complacência? Será este o momento de dizê-las?
Ação sugerida: Por hoje, evite fofocar, falar mal, sutilmente ou não, dos outros e todas as demais formas negativas de fala.

DEZOITO

TZADI

צ

(tsádi)

(forma final — ץ)

SOM: *tz*
VALOR NUMÉRICO: 90

Significados

O nome dessa letra, *Tzadi*, צדי, ou *Tzaddik*, צדוק, está relacionado à raiz hebraica de "justo", "honesto" e "íntegro". Essa raiz denota devoção, bondade, justiça, integridade. O *tzaddik*, o justo, ajuda, com sua virtude e suas boas ações, a sustentar o universo. "O *tzaddik* é o alicerce do mundo" (Prov. 10:25).

A tradição judaica ensina que em toda geração existem לו צדיקים, *Lamed-vav Tzaddikim*, "Trinta e Seis Justos", que, por sua bondade e seus atos de virtude, mantêm a estabilidade do mundo. Esses personagens de aspecto santo estão ocultos, vivendo humildemente e executando em segredo seus atos maravilhosos e milagrosos. Às vezes se disfarçam de eremitas rudes e pouco amistosos; às vezes, de mendigos ou gente simplória. Mas a intenção de um *tzaddik* é sempre de enaltecer e unificar.

O rabino David Cooper diz: "Sem o trabalho do *Lamed-vavnik*, a dor e o sofrimento conseqüentes seriam inimagináveis (...). O dever de um *Lamed-vav Tzaddik* (...) é melhorar constantemente o destino dos que o cercam".

O *tzaddik*, mesmo quando vive inteiramente só, incógnito à margem da sociedade, serve e sustenta a comunidade e o mundo. Refletindo o fato de que somente em relação aos outros é possível ser *tzaddik*, o *Tzadi* é a letra que inicia várias palavras referentes a grupos ou comunidades. צבור, *tzibur*, por exemplo, significa "comunidade" ou "congregação", e צות, *tzevet*, significa "equipe". צדקה, *tzeddakah*, é "caridade", a ação justa que conecta as pessoas.

O *Tzadi* é a letra central de מצוה, *mitzvah*. Essa palavra é geralmente traduzida como "mandamento" ou "boa ação", mas o significado radical de *mitzvah* é "conectar". Os *Mitzvot* nos conectam ao Santíssimo, uns aos outros e a toda a criação.

ציצית, *tzitzit*, é mais uma palavra energizada pelo *Tzadi*. Os *tzitzit* são as franjas nas quatro extremidades do *talit*, ou xale de oração. Compostos de diversos fios trançados em cordões, os *tzitzit* simbolizam o poder de conexão do *Tzadi*. Como diz Arthur Waskow, "os *tzitzit* são, literal e visualmente, o Tecido da Unidade".

Aplicação

De acordo com a lenda judaica, os *Lamed-vav Tzaddikim* vivem suas vidas e executam suas ações nobres em segredo. O *Tzadi* nos convida a estar alertas à presença desses Justos. Se não fosse por eles, o mundo entraria em colapso!

Quem são esses piedosos personagens que constituem o fundamento do mundo? Onde estão? É difícil saber. Na maior parte do tempo eles se mantêm incógnitos, disfarçados, fora de cena. A tradição ensina que por isso devemos encarar toda pessoa que encontramos como *tzaddik* em potencial. O rabino Cooper diz: "O *Lamed-vav Tzaddik* pode esconder-se por trás de vários disfarces. A pessoa que mais nos traz dificuldades pode estar salvando nossa vida". Em outra passagem ele diz: "Às vezes, sem qualquer razão, mudamos do mau humor para o bom humor; isso pode ser resultado da proximidade de um *Lamed-vavnik*. Há, de fato, ocasiões em que nós imaginamos estar tendo uma conversa fortuita com um estranho, mas na verdade essa outra pessoa está nos ajudando a evitar uma grave tragédia".

É melhor, portanto, não se deixar enganar pelas aparências superficiais, mas tratar a todos com respeito, como se a própria conservação do universo dependesse da pessoa à nossa frente. O quanto não melhoraria a qualidade de nossas interações se fôssemos capazes de nos aproximar delas com essa atitude?

Ao incorporar essa perspectiva, nós mesmos nos tornamos mais semelhantes a um *tzaddik*, mais justos. Podemos, cada um à sua maneira singular, elevar nossos pensamentos e ações e executar os atos necessários à conservação e sustentação do mundo. O *Tzadi* desafia cada um de nós a tornar-se um *tzaddik*.

Quando sai de seu esconderijo e aparece diante de nós, a letra *Tzadi* indica um momento de servir. Como símbolo dos *mitzvot* e da *tzeddakah*, o *Tzadi* nos convida também a aperfeiçoar nossas boas ações e atos de caridade, elevando nossas expressões de generosidade a níveis superiores.

O Talmud ensina que a melhor *tzeddakah* é a que se concede anonimamente, sem que a pessoa que concede e a que recebe conheçam a identidade uma da outra. Mu-chou, um mestre zen chinês do século IX, realizou esse ideal. Mu-chou vivia sozinho, numa pequena cabana, perto de uma estrada usada por monges em peregrinação. Ele fazia sandálias de palha de diversos tamanhos e as deixava secretamente à beira da estrada. Os monges, ao andar pela estrada, encontravam-se com uma fileira de sandálias novas, selecionavam o tamanho adequado e seguiam em frente, cheios de gratidão. Durante anos, ninguém soube quem fazia as sandálias. Por fim, o segredo de Mu-chou foi descoberto e ele ficou conhecido como "Monge das Sandálias".

O *tzaddik* sustenta o mundo, é o "alicerce do mundo", mas, para a maioria de nós, o estilo moderno de vida não é sustentável. Para ser *tzaddikim* no mundo industrializado contemporâneo, precisamos aprender e pôr em prática estilos de viver que fortaleçam o alicerce da vida, sem desgastá-lo ou corroê-lo ainda mais. Isso pode significar viver com simplicidade e humildade, como os lendários *tzaddikim* do passado.

A Sombra do *Tzadi*

O farisaísmo é uma das armadilhas a que é preciso estar atento quando se trabalha com o *Tzadi*. Como o *Tzadi* é formado por uma letra *Nun* inclinada para a esquerda, com uma letra *Yud* apoiada em cima, os rabinos de antigamente ensinavam que o *Tzadi* representa o ato de curvar-se em humildade. A recordação da humildade pode mitigar a tendência a envaidecer-se com farisaísmo.

Um outro perigo do *Tzadi* é o de ater-se a padrões impraticavelmente exigentes, esperar ser santos e criticar-nos duramente quando não correspondemos a esse padrão. Essa letra nos desafia a viver a vida mais semelhante possível à de um *tzaddik*, mas sem deixar de ser, ao mesmo tempo, gentis para com nós mesmos. Afinal, somos apenas humanos, e não santos, e às vezes nos vemos em circunstâncias complicadas e desconcertantes. Aspirando a ser *tzaddikim*, mas mantendo uma atitude bem-humorada e benigna para com nossas próprias fraquezas e deslizes, poderemos ser tão compassivos para com nós mesmos quanto gostaríamos de ser para com os outros.

Comentários Pessoais

Eu me pergunto: quantas vezes já terei encontrado um dos *Lamed-vav Tzaddikim* sem saber? Quando a letra *Tzadi* surge em minha vida, abro-me para a maravilhosa possibilidade de que alguém que acabei de conhecer, ou que vou encontrar em breve, seja realmente um *tzaddik* — inclusive aquela pessoa que tanto me incomoda. Ou até mesmo, numa determinada situação, eu próprio!

Pois os *tzaddikim* não estão simplesmente num lugar remoto qualquer, separados de nós. O rabino Cooper diz: "Muitos de nós agimos como *Lamed-vav Tzaddikim* sem sequer perceber". A palavra fortuita, o olhar bondoso, o gesto engraçado — quem conhece o impacto que nossas ações podem ter sobre outra pessoa? O *Tzadi* me faz lembrar: não se subestime e não se diminua — seja um *tzaddik*!

צ

Resumo do *Tzadi*

Valor Numérico: 90.
Significado: Virtude.
Aplicações: Estar atento à presença de *tzaddikim* em nossa vida. Aperfeiçoar nosso cumprimento de *mitzvot*, boas ações, e de *tzeddakah*, caridade.
Sombra: Farisaísmo. Repreender-se severamente por não corresponder a um padrão impraticavelmente elevado.
Reflexão: Quem passou pela minha vida como *tzaddik*? Como eu mesmo posso ser mais semelhante a um *tzaddik*?
Ação sugerida: Pratique hoje um ato anônimo de *tzeddakah*.

DEZENOVE

KUF

ק

(kuf)

SOM: k
VALOR NUMÉRICO: 100

SIGNIFICADOS

קדוש קדוש קדוש, *"Kadosh, kadosh, kadosh!"*, canta Isaías. "Santo, santo, santo!" O *Kuf* é a letra da santidade. Ele inicia as palavras קדושה, *kedushah*, "santidade", קדוש, *kiddush*, "tornar santo", קדיש, *kaddish*, "louvar a santidade de Deus", e קדוש, *kadosh*, "santo".

Um dos modos antigos de se expressar santidade era por meio do קרבן, *korban*, "sacrifício". Essa palavra iniciada por Kuf vem da raiz hebraica קרב, *karav*, que significa "aproximar-se". As oferendas e o sacrifício proporcionam um modo de aproximar-se da Divindade.

O corpo de ensinamentos sobre como experienciar e viver uma vida santa chama-se קבלה, *Kabbalah* [Cabala]. *Kabbalah* vem da raiz קבל, *kabal*, "receber", e significa "aquilo que foi recebido".

O *Kuf* vale cem, que é o número da completude e da perfeição, o encerramento de um ciclo. A palavra *"holy"* ["santo"] é aparentada a *"whole"* ["completo"]. Quando o ciclo se encerra, consumam-se a completude e a santidade. O Kuf está no centro das palavras הקף, *hakaf*, "circundar", e הקפה, *hakafa*, "ciclo". Nas cerimônias judaicas de

149

matrimônio, a noiva dá sete voltas ao redor do noivo. Durante a festa da *Simchat Torah*, que comemora o encerramento de um ciclo anual de leituras da Torah e o início do ciclo seguinte, o próprio rolo da Torah é levado em procissão num círculo em torno da sinagoga. Essas *hakafot*, voltas, têm o poder de suscitar estados espirituais elevados.

O paradoxo do *Kuf* é que essa letra da completude e da inteireza é ela própria quebrada. O *Kuf* é uma das duas únicas letras do *Aleph Beit* (a outra é o *Hei*) formadas por duas partes desconectadas. É também a única letra cuja forma regular (ou seja, não final) ultrapassa a linha inferior da escrita.

Aplicação

O *Kuf*, enquanto cem, marca ao mesmo tempo o fim de um ciclo velho e o início de um novo. Todo fim envolve alguma forma de morte. A perna do *Kuf* ultrapassa a linha inferior da escrita, alcançando o mundo inferior. Mas a parte superior da letra mantém-se elevada neste mundo. O *Kuf* vive em ambos os reinos. Conectando o velho ao novo, o *Kuf* nos desafia a fazer as pazes com a mudança, encontrar a santidade e a completude na perda, e também um novo início.

Em diversos momentos da liturgia judaica, os fiéis recitam preces de *kaddish* — ações de graças pela santidade de Deus. Há um *kaddish* específico, o *Kaddish* dos Enlutados, que é recitado diariamente nos onze primeiros meses do luto e depois, todos os anos, no aniversário da morte. Mais do que lamentar a morte, o *Kaddish* dos Enlutados afirma a bondade de Deus. Sendo a primeira letra de *Kaddish*, o *Kuf* nos convida a uma afirmação análoga de completude diante da mudança e da perda.

O *Kuf* é uma letra quebrada, composta de duas partes separadas. Isso nos diz que nossa santidade e nossa inteireza estão presentes em meio à nossa fragmentariedade, ou mesmo por causa dela. A vida é uma série de abandonos. Sermos capazes de lamentar uma perda entristecedora e ao mesmo tempo abrir nosso coração ao novo é o desafio da santidade, o desafio do *Kuf*.

O *korban*, sacrifício, envolve entregar alguma coisa, deixar algo morrer, para manter ativo o ciclo da vida. A palavra "sacrifício" significa literalmente "tornar sagrado". O *Kuf* nos convida a fazer alguma forma de sacrifício, algum tipo de oferenda, em retribuição a tudo o que recebemos no curso da vida. O que estamos dispostos a ofertar em retribuição à fonte da vida? Na época do Templo de Jerusalém, faziam-se oferendas de animais queimados. Hoje não se ofertam animais, mas ainda assim é preciso sacrificar alguma coisa para conservar o fluxo recíproco da vida. Quando isso não acontece e as pessoas se limitam a receber e receber, sem retribuir conscientemente com nada para alimentar o sagrado ciclo da vida, a vida perde o equilíbrio. Hoje uma oferenda adequada pode tomar a forma de um alimento, vinho, preces, canções ou mesmo de nossas lágrimas.

Enquanto *korban* envolve renunciar, *kabbalah* envolve receber ou acolher. O *Kuf* significa um momento de receptividade. A própria fragmentariedade da letra é um sinal de que devemos abrir nossos corações e mentes a novas inspirações e ensinamentos.

Há dois métodos diferentes na *Kabbalah*. Num deles, os ensinamentos são recebidos do rebbe em transmissão direta, pessoal. No outro método, conhecido como "Cabala extática", a inspiração e o discernimento fluem diretamente de Deus para o aprendiz. O *Kuf* nos convida a abrirmo-nos para a inspiração dos mestres humanos e para a transmissão direta da Divindade.

A Divindade, porém, é em última análise incognoscível; está além de nossos conceitos ou pensamentos a respeito. No grande Incognoscível, todas as idéias de santidade desaparecem. Quando o imperador chinês perguntou ao Bodhidharma, o famoso sábio que levou o budismo da Índia para a China, qual era o maior ensinamento do budismo, o Bodhidharma respondeu: "Um vasto vazio, sem nada santo".

O imperador não entendeu e fez mais uma pergunta: "Então quem é você?" Ou seja, "como você pode dizer que não há nada santo? Você não é um santo?".

Bodhidharma respondeu: "Não sei".

Em essência, o Bodhidharma estava mostrando que não há santidade, mas apenas um profundo e completo não-saber. O *Kuf* nos convida à atitude fundamental de abertura e de receptividade, a um "não sei". Com a "mente de iniciante" do não-saber, estamos abertos ao aprendizado. Quando não temos um punhado de conceitos e opiniões e proposições sobre "santidade", somos capazes de ser naturais e espontâneos. Podemos ser "santos tolos", fazendo o que deve ser feito, sem apego à idéia de ser "bons" ou "maus".

Podemos ser como o rabino Moshe de Kobryn. Quando perguntaram a um de seus discípulos qual era a coisa mais importante para seu mestre, o discípulo respondeu: "O que quer que ele estivesse fazendo no momento".

Exatamente ao mesmo tempo que tudo é um vasto vazio, sem nada santo, tudo é santo! O rabino Abraham Heschel dizia: "Ser já é uma bênção. Viver já é santo".

O rabino Nachman recomendava: "Busque o sagrado no comum. Busque o extraordinário no trivial".

O *Kuf* convida cada um de nós a expressar a santidade que não é santidade e a recordar: "Viver já é santo".

A Sombra do *Kuf*

Apegar-se demais a uma idéia de "santidade" é um dos aspectos problemáticos do *Kuf*. Isso pode gerar um pensamento polarizado, no qual nós negamos a natureza multifacetada e ambígua da vida em prol de alguma pureza idealizada. Esse ideal freqüentemente envolve uma condenação do corpo ou do lado físico da vida.

A vergonha é um outro aspecto da preocupação desproporcional com a santidade — vergonha do corpo ou das fraquezas e defeitos humanos. O *Kuf* nos pega pela mão e nos exorta à santidade, mas nos lembra da fragmentariedade na completude.

Projetar nossas inseguranças e fraquezas nos outros é mais uma armadilha dessa letra. Nas tradições patriarcais, por exemplo, a responsabilidade pela queda da santidade é atribuída às mulheres. Nessa concepção, as mulheres são mais fracas e pecaminosas e seduzem os homens para afastá-los da santidade. Em outras palavras, é tudo culpa de Eva. A receptividade exigida pelo *Kuf* inclui estar disposto a assumir a responsabilidade pelos próprios pensamentos e ações, sem culpar os outros.

COMENTÁRIOS PESSOAIS

Alguma vez você ouviu o rabino Shlomo Carlebach contar histórias? Ele geralmente começava dizendo à platéia: "Meus santos irmãos, minhas santas irmãs, vou lhes contar sobre os mais santos dos santos". As histórias que vinham em seguida eram repletas de mendigos santos, maridos santos, esposas santas, mercadores santos, rabinos santos, varredores de rua santos. Todo mundo era santo!

Como as histórias de Shlomo, a letra *Kuf* me inspira a observar a santidade naqueles que encontro. Será que minha história pessoal não está repleta de motoristas de ônibus santos, funcionários de supermercado santos, vizinhos santos, colegas santos, amigos santos? Se essa perspectiva é possível ou não, só depende mesmo de mim — do santo Richard.

Resumo do *Kuf*

Valor Numérico: 100.
Significados: Santidade. Completude e consumação. Sacrifício.
Aplicação: Fazer as pazes com a mudança e encontrar a santidade e a completude na perda, e também um novo início. Dedicar uma oferenda tangível à fonte da vida. Estar aberto e atento para receber inspirações e ensinamentos do ser humano e da Divindade. Fazer o que precisa ser feito, com uma atitude de "não sei".
Sombra: Vergonha e condenação do corpo. Projeção de nossas tendências "não santas" nos outros.
Reflexão: Que tipo de dádiva estou disposto a ofertar à fonte da vida, em retribuição a tudo o que recebi durante o curso de minha vida?
Ação sugerida: Ao ar livre, em segredo, entregue um poema, uma imagem, uma canção, vinho, alimentos, preces, lágrimas ou alguma outra oferenda ao Incognoscível, como sacrifício. Deixe a oferenda, não conte ou mostre a ninguém o que você fez e não retorne ao local.

VINTE

RESH

ר

(résh)

SOM: R
VALOR NUMÉRICO: 200

Significados

ריש, Resh, tem a mesma raiz hebraica de ראש, rosh. Rosh quer dizer "cabeça", "início", ou "novo", como em ראש השנה, Rosh Hashanah (literalmente, "cabeça do ano"). No sentido de "cabeça", rosh pode referir-se também a um líder ou diretor. O Resh energiza as palavras רפואה, refuah, "cura", רחמים, rachamim, "compaixão", e רב, rav, "rabino" ou "mestre".

A raiz hebraica de Resh, רש, significa também "pobreza", ou uma espécie de vazio espiritual ou moral que não depende da quantidade de dinheiro que se tenha. Na doutrina cabalística, o Resh é associado a רע, roah, "maldade", e a רשע, rasha, "cometer injustiça".

A letra Resh, portanto, é ela mesma um rav, ensinando-nos sobre cura e compaixão, e também sobre a injustiça. Vejamos como podemos aprender as lições do Resh do modo mais positivo e menos doloroso possível.

Aplicação

Um outro nome do *Rosh Hashanah* é יוֹם הזברוֹן, *Yom Hazikaron*, Dia da Recordação. O *Rosh Hashanah* envolve olhar para o ano que passou e lembrar-se das próprias ações, boas ou más. A palavra hebraica *chayt*, "pecado", significa literalmente "errar o alvo". No início do novo ano, nós recordamos os momentos do ano anterior em que erramos o alvo, em que não vivemos de acordo com nossos ideais.

Teremos cedido ao יצר הרע, *yetzer hara*, "inclinação maléfica", ao לשיוֹן הרע, *lashon hara*, "língua maléfica", ou ao עיןהרע, *ayin hara*, "olhar maléfico"? Esses hábitos são insidiosos. Mesmo quando tentamos sinceramente evitá-los, voltamos a transgredir antes de perceber. Ceder deliberada ou inconscientemente a hábitos destrutivos como esses nos leva a uma espécie de *resh*, pobreza moral.

É possível, porém, começar de novo. As vinte e duas letras do *Aleph Beit* são os blocos primordiais da criação. Como um desses vinte e dois blocos, o *Resh*, no sentido de "novo", mostra que o poder de renovação está embutido na estrutura mesma da existência. O רעננות, *ra'ananut*, "frescor", está presente em cada momento. (*Ra'ananut* começa com resh, e a palavra inglesa *"fresh"* ["fresco"] contém *"resh"*.)

Embora o frescor seja possível para todos nós em cada momento, o período de dez dias entre o *Rosh Hashanah* e o *Yom Kippur* é especialmente indicado como período de renovação para todos os judeus. O *Rosh Hashanah* assinala um momento de introspecção e *teshuvah* ("arrependimento" e "retorno"). Essa introspecção e recordação levam ao arrependimento, que significa literalmente "repensar" ou "pensar novamente". Quando nos lembramos, nos arrependemos. A *teshuvah*, arrependimento, é considerada um fundamento tão essencial e necessário da existência que o Talmud a inclui entre as sete forças que existiam antes mesmo da criação do universo! Sem o arrependimento, o universo não poderia existir.

Depois do arrependimento há o retorno. Retornamos, individual e coletivamente, à intenção de viver conforme nossos ideais mais elevados no ano que se inicia.

Quando a letra *Resh* aparece em nossas mãos, talvez seja o momento de fazer um mini-*Rosh Hashanah* pessoal. É uma oportunidade de contabilizar nossas ações e retornar mais uma vez ao centro de nosso ser. Não precisamos esperar até a data oficial para "fazer *teshuvah*". "Retorne, retorne, retorne ao país de sua alma. Retorne a quem você é, retorne ao que você é, retorne aonde você está, nasça e renasça outra vez", diz uma canção relacionada ao *Resh*. Retornar é tornar novamente, voltar. Teremos nos extraviado neste mundo errático? Teremos perdido de vista quem somos ou o que queremos ser? Estaremos numa condição de pobreza espiritual? Teremos perdido o senso de conexão com a Divindade? Teremos errado o alvo cedendo à língua maléfica, ao olhar maléfico ou à inclinação maléfica? A letra *Resh* nos incita: "Volte! Retorne!".

A palavra *rav* significa "arqueiro", e também "rabino" ou "mestre". Quando se comete um *chayt*, um pecado, significa errar o alvo, e o *Resh* é o *rav*, o arqueiro que procura acertá-lo. O *Resh* nos pede para mirar com cuidado. Quando acertamos o alvo, o prêmio é *rafuah*, a cura.

Uma outra tradição do *Rosh Hashanah* é a do *tashlich*, "largar". Junto a um rio, lago ou outra massa d'água, as pessoas recitam preces e lançam na água migalhas de pão, que simbolizam os hábitos, ações ou lembranças do ano anterior que desejam abandonar e mandar embora. O *Resh* pode ser um incentivo para que façamos nossa própria versão do *tashlich*. Não precisamos esperar até o *Rosh Hashanah* para lançar fora cerimonialmente as culpas ou remorsos e começar de novo.

O *Resh* nos convida a desenvolver nosso "*rav* interior", nosso rabino e mestre interior. Quando o fazemos, incorporamos mais plenamente as qualidades do *Resh* enquanto cabeça e líder. Lideramos a nós mesmos em direção à *rafuah*, cura e completude, quando, com *rachamim*, compaixão, nos esforçamos para acertar o alvo.

Ao escrever sobre as "armadilhas espirituais" que impedem as pessoas de assumir a liderança e "atingir a essência da ação compassiva", Robert Aitken diz: "Eu acrescentaria mais uma armadilha: a da falta de confiança em nós mesmos como líderes. Nós temos consciência de nossas limitações e neuroses pessoais e acreditamos que, se nos expressarmos e agirmos, estaremos apenas impondo nossos problemas ao mundo. Ora, jamais houve um líder sem limitações e neuroses — nem um sequer. Somos todos humanos. Os problemas existem para que cuidemos deles como nós somos".

"Lidere!", incita o *Resh*.

A Sombra do *Resh*

É possível que nos fixemos no pecado, projetando-o nos outros ou identificando-nos como excessivamente pecaminosos. O *Resh* não se esquiva de apontar os erros, mas, sendo a primeira letra de *rachamim*, compaixão, ele conserva um espírito de compaixão mesmo ao identificar o que é errado ou prejudicial. Quando nos desviamos e nos tornamos sentenciosos e farisaicos, entramos na sombra do *Resh*.

O *Resh* nos convida à compaixão para com nós mesmos também. *Chayt*, pecado, significa errar o alvo, e nem mesmo o melhor arqueiro do mundo consegue sempre acertar o centro do alvo. O mais importante é ter a intenção e a disposição de fazer *teshuvah* e retornar aos nossos ideais, sem nos flagelar por nossas fraquezas.

A sombra do *Resh* pode nos levar a denegrir o corpo como pecaminoso, ou encarar as emoções como frágeis e vergonhosas. *Teshuvah* significa retornar à completude, que inclui corpo, mente e emoção. Esse retorno à completude é conhecido também como *rafuah*, cura.

É fácil abusar da liderança. O *Resh*, no sentido de líder, pode desviar para o egoísmo, a arrogância e a corrupção. Devemos ser vigilantes e nos resguardar contra essas tendências às vezes sutis e insidiosas.

Comentários Pessoais

A cabeça do *Resh* é inclinada para a esquerda. Alguns comentaristas afirmam que isso simboliza humildade. A mim sugere mais vergonha. Sendo judeu, conheço bem o que é vergonha. Quando criança, sentia-me culpado por, entre outras coisas, ter sensações sexuais. Internalizei um julgamento negativo, no estilo *Resh*, do meu corpo e de seus impulsos naturais.

Como adulto, sinto vergonha do enorme dano ao ambiente que inflijo por meio de hábitos modernos como dirigir um carro, viajar de avião, consumir eletricidade e gás natural, comprar coisas embaladas em plástico e assim por diante. Se pecar é errar o alvo, às vezes eu me sinto vários quilômetros longe do alvo pelo modo como vivo minha vida.

O *Resh* não me deixa esquecer facilmente. Ele me convida a observar cuidadosamente minha vida. Existe algum modo de fazer *teshuvah*, de retornar a uma vida menos prejudicial e menos indulgente? O *Resh* me incita a buscar a *rafuah*, a cura, resolutamente e cada vez mais, não com uma vergonha excessiva, mas fazendo uma avaliação realista e perspicaz. É um desafio permanente.

ר

Resumo do Resh

Valor Numérico:	200.
Significados:	Cabeça. Novo. Pobreza espiritual.
Aplicação:	Fazer um mini-*Rosh Hashanah*, praticando a *teshuvah*, arrependendo-se de "errar o alvo" e retornando a nossos valores fundamentais.
	Desenvolver nosso "rabino interior".
Sombra:	Ser sentencioso e farisaico.
	Condenar o corpo ou as emoções como algo pecaminoso.
	Abusar do poder de líder.
Reflexão:	Quais as áreas de minha vida que precisam de *rafuah*, de cura? Como posso adquirir mais saúde e completude nessas áreas?
Ação sugerida:	Faça alguma forma de *tashlich*, lançando fora o que você quer abandonar, jogando migalhas de pão na água ou escrevendo as coisas de que você se arrepende em pedaços de papel e queimando-os.

VINTE E UM

SHIN

(shin)

SOM: S (שׂ) ou X (שׁ)
VALOR NUMÉRICO: 300

Significados

O *Shin* é a letra de אש, *esh*, "fogo". O *Sefer Yetzirah*, o Livro da Criação, descreve o *Shin* como uma das três "letras-mães" do *Aleph Beit*. As outras letras-mães são o *Aleph*, a letra do ar, e o *Mem*, a letra da água. O *Shin* se combina com o *Aleph* para formar a palavra *esh*, assim como o fogo se combina com o ar para queimar. As extremidades dos três braços erguidos do *Shin* são as chamas do fogo santo, e o som do *Shin* é o crepitar de uma chama. A palavra שמש, *shemesh*, "sol", começa e termina com *Shin*. O *Shin* inicia também שביב, *sh'viv*, "centelha" שלהבת, *shalhevet*, "chama", e שרב, *sharav*, "calor".

O *Shin* inicia a profunda palavra שלום, *Shalom*. *Shalom*, que é um dos nomes de Deus, comunica inúmeros significados — entre eles, paz, completude, plenitude, consumação, força, segurança, saúde, pureza, integridade e perfeição.

Um outro nome de Deus, שדי, *Shaddai*, começa com *Shin*. *Shaddai* vem das raízes hebraicas שד, *shad*, "mama", e די, *dai*, "suficiente". O leite das mamas das ovelhas e cabras era a própria subsistência da vida dos hebreus nômades. *Shaddai*, como nome de Deus, representa, portanto, uma força vivificante feminina antiga e primal. Deus é a fonte de alimento cuja suficiência permeia e nutre toda a vida.

O nome *Shaddai* — ou, mais freqüentemente, apenas sua primeira letra, *Shin* — aparece na ombreira da porta das casas dos judeus do mundo inteiro, inscrita na parte de fora da *mezzuzah*, um pequeno estojo contendo um pergaminho com a prece *"Shema Yisrael"* (Deu. 6:4-9). Essa prece crucial, que se ensina aos judeus para que a pronunciem como últimas palavras antes da morte, também começa com a poderosa letra-mãe *Shin*.

O *Shin* e a palavra שנה, *shanah*, "ano" (como em *Rosh Hashanah*, "cabeça do ano"), derivam ambos da raiz hebraica שנה, *shinah*, "mudança". O ano pode ser descrito como um processo contínuo de mudança. O *Shin* é seu símbolo.

Pontuando o ano, a cada sete dias, há um שבת, *Shabbat*. O *Shabbat*, que começa com *Shin*, é o dia reservado, em meio à mudança, para se experienciar e comemorar a suficiência. No *Shabbat*, acolhemos em nossa vida a שכינה, *Shekhinah*, a Rainha do Sabbath, o aspecto feminino de Deus.

Infundindo sua energia poderosa nas palavras *Shalom*, *Shaddai*, *Shabbat* e *Shekhinah*, o *Shin* inicia também a mais feliz das palavras hebraicas: שמחה, *simcha*, alegria.

APLICAÇÃO

Quando Shin se acende diante de nossa consciência, é o momento de sentir-se agraciado com as bênçãos do *shalom*. O *Shin* nos garante que agora mesmo, neste momento, estamos seguros, tudo está inteiro e completo e bem. A *simcha* está ao nosso alcance.

"Ah, é?", pergunta nosso lado cético. "O mundo está cheio de sofrimentos terríveis, e a minha vida também não está lá grande coisa. Como você pode dizer que tudo está bem?"

O *Shin* não é uma letra de teorias simples. Por ser uma das três "mães" do *Aleph Beit*, o *Shin* é um dos blocos dos blocos. Por conter o poder primal do fogo, o *Shin* queima as superficialidades e atinge o cerne da experiência. E é no cerne da experiência, quando tudo o mais foi consumido pelo fogo santo do *Shin*, que está *shalom*.

Mesmo nos momentos de dúvida, doença, tristeza ou guerra, quando tudo nos parece trevas, o *Shin* arde como a última brasa de uma fogueira apagada. O fogo subsiste naquela brasa, conservando a possibilidade de que as chamas voltem a faiscar, que uma paz profunda se acenda e volte a aquecer nossos corações. Quando estamos atravessando uma "noite escura da alma", o *Shin* traz a promessa de que a luz e o calor estarão ao nosso alcance.

O *Shin* nos desafia a sentirmo-nos satisfeitos, pelo menos por alguns instantes, sem buscar mais nada, sem pensar que seríamos felizes se tivéssemos isso ou aquilo. Nós estamos intactos e inteiros agora mesmo, sem que nos falte nada, ensina o *Shin*. Nós temos o bastante, fornecido por *Shaddai*, o Suficiente.

Quando o *Shin*, o símbolo da mudança e da paz, acende-se em nossa vida, somos desafiados a buscar *shalom* — completude, inteireza — bem em meio à mudança. Tudo muda constantemente; ainda assim, no centro, existe alguma coisa que não muda. Esse ponto de *shalom*, esse ponto imóvel, é o segredo do *shabbat* e o segredo de *Shaddai* — estar em paz e acreditar que o que temos é suficiente, pelo menos por enquanto. É a chave para a *simcha*, alegria.

O *shanah*, ano, é marcado pela mudança das estações. Ainda assim, o mestre zen do século XIII Wu-Men dizia: "Há uma primavera que transcende *yin* e *yang*". Ele ensinava que nós podemos vivenciar uma estação não sujeita ao ir e vir, ao nascimento e à morte, aos ciclos anuais de mudança. É possível desfrutar agora mesmo da primavera que transcende *yin* e *yang*, mesmo quando estamos tremendo de frio no inverno chuvoso ou procurando uma sombra num dia quente de verão.

Inscrito na *mezzuzah* — na entrada da casa, que é o lugar do ir e vir —, o *Shin* serve para lembrar o lugar onde não há ir e vir. O *Shin* ensina que a mudança e a paz têm a mesma origem. Quando fazemos as pazes com a mudança e encontramos a paz na mudança, experimentamos realmente o poder de *Shaddai*. É o suficiente.

Nanao Sakai escreveu:

Apenas o Bastante
Do solo para as pernas
Do machado para as mãos
Das flores para os olhos
Do pássaro para os ouvidos
Do cogumelo para o nariz
Do sorriso para a boca
Da música para os pulmões
Do suor para a pele
Do vento para a mente

Essa é a mensagem do *Shin*: apenas o bastante. O mundo está nos oferecendo apenas o bastante. Assim que baixamos o pé, o chão o encontra. Assim que o despertador toca, rolamos na cama e o desligamos. Assim que o bebê chora, o pegamos no colo. O que mais existe, afinal, senão essa nossa vida mutável e imutável?

Como letra do fogo, o *Shin* nos pede calor, paixão, empolgação, diversão. O *Shin* nos incita a cultivar *simcha*, a alegria. O rebbe Nachman disse: "Lembre-se sempre de que a alegria não é um mero acidente em sua busca espiritual. Ela é vital". Ele disse também: "Encontrar a verdadeira alegria é o mais difícil dos deveres espirituais. Se a única maneira de sentir-se feliz é fazendo alguma coisa tola, faça".

O *Shin*, essa profunda letra de mudança, *shabbat*, *shalom* e fogo, convida também à tolice e à diversão. Divirta-se! Divirta-se!

A Sombra do Shin

O fogo é poderoso e pode fugir ao controle. As chamas da paixão do *Shin* podem tornar-se destrutivas. A raiva, a cobiça e o ciúme podem explodir em grandes incêndios. As pessoas podem se queimar. Em vez de fornecer luz e calor, o *Shin* pode destruir.

Como sempre, é necessário um equilíbrio. A palavra hebraica שמים, *shamayim*, paraíso, é composta da letra do fogo, *Shin*, e da palavra "água", מים, *mayim*. A água modera o fogo, o fogo aquece a água. Juntos, eles criam o vapor santo. Para experimentar um pouco da *simcha* do *shamayim*, devemos almejar àquele ponto médio onde coexistem água e fogo, cada qual preservando seu poder, sem fugir ao controle ou transformar-se em dilúvios ou infernos destrutivos.

Comentários Pessoais

Existe algo de ancestral e evocativo numa fogueira ao ar livre, à noite. Olhamos para as chamas inconstantes, ouvimos seu crepitar e chiado e sentimos seu calor, aspiramos a fumaça que se eleva da madeira. Inspiradas pela magia do fogo, as histórias, canções e risos se manifestam naturalmente. É fácil imaginar nossos antepassados compartilhando histórias, canções e risos, em torno de fogueiras semelhantes, por centenas ou milhares de anos.

Existe algo de ancestral e evocativo também na letra *Shin*. Ela também acende מעשיה, *ma'asiya*, "história", שיר, *shir*, "canção", e שחוק, *s'hok*, "riso". Como o fogo, o *Shin* também é primordial e poderoso. Quando vejo sua forma impressa na página, imaginando-a como fogo negro sobre fogo branco, o *Shin* me comunica uma sensação de incrível mistério. No mundo da mudança, o *Shin* me lembra do poder de *Shaddai*, da suficiência — do poder das coisas como são.

Resumo do Shin

Valor Numérico:	300.
Significados:	Fogo. *Shalom*, paz, completude. *Shaddai*, suficiência. Mudança. *Simcha*, alegria.
Aplicação:	Vivenciar o *shalom* mesmo em meio à mudança. Exercitar a satisfação, preencher-se com o que basta. Cultivar a alegria.
Sombra:	Consumir ou ser consumido pelas chamas da raiva, da cobiça, do ciúme etc.
Reflexão:	Como posso elevar o grau de alegria que experimento em minha vida?
Ação sugerida:	Exercite a *simcha* mantendo um meio-sorriso no rosto em várias ocasiões do dia. Observe como esse meio-sorriso faz você se sentir e como ele influencia suas interações com os outros.

VINTE E DOIS

TAV

ת

(*tav*)

SOM: T
VALOR NUMÉRICO: 400

Significados

Sendo a última letra do *Aleph Beit*, o *Tav* significa fim e consumação. A expressão "de *Aleph* a *Tav*" indica, como "de A a Z", completude. A palavra תו, *tav*, significa marca, selo, impressão ou timbre. O *Tav* sela o alfabeto hebraico, deixando sua marca de finalização.

Mas não há fim sem um novo começo. Segundo o rabino Michael Munk, "a literatura cabalística ensina que o *Aleph Beit* — representando todas as forças divinas — não culmina no *Tav*, mas retorna e une-se novamente ao *Aleph*".

No mesmo sentido, o *Sefer Yetzirah*, o Livro da Criação, diz: "Seu fim está embutido em seu início, e seu início, no fim". Mesmo representando o encerramento, o *Tav* sugere que há mais por vir. Em aramaico, o idioma antigo aparentado ao hebraico, a palavra *tav* significa, de fato, "mais", "ainda", "além". Sempre há mais alguma coisa além do que parece ser o fim. O pé esquerdo do *Tav* se projeta para fora, para a frente (uma vez que o hebraico é lido da direita para a esquerda), para o futuro.

O *Tav* inicia תמיד, *tamid*, "sempre" ou "para sempre". O *Aleph Beit* começa com o *Aleph* e termina com o *Tav*, mas as vibrações criativas das letras duram indefinidamente, sempre vivas e novas.

Algumas palavras em que o *Aleph* e o *Tav* se unem são especialmente profundas e importantes. אמת, *emet*, "verdade", por exemplo, é formada quando o *Aleph*, a primeira letra do *Aleph Beit*, se une ao *Mem*, uma letra do meio, e ao *Tav*, a última. A verdade, o fato essencial das coisas, permeia o universo, "de *Aleph* a *Tav*".

Muitas das formas básicas de observância judaica começam com *Tav*, como תפילה, *tefilah*, "prece", תהלים, *tehilim*, "salmos", e תשובה, *teshuvah*, "retorno" ou "arrependimento". A última letra do *Aleph Beit* é a primeira dos nomes dos textos básicos do judaísmo: תּוֹרה, Torah, תלמוד, Talmud, e תנ"ך, Tanach, os vinte e quatro livros da Bíblia.

O *Tav* inicia uma das palavras mais cruciais da prática cabalística: תקון, *tikkun*. *Tikkun* significa "reparar" ou "redimir". O rabino Isaac Luria, o *Ari* ("Leão"), ensinava, no século XVI, que o dever último de toda pessoa é ajudar a emendar um universo despedaçado, unificando as centelhas do sagrado por meio da percepção da sacralidade intrínseca de todas as coisas. Se esse é nosso dever último, é bastante adequado que o *Aleph Beit* culmine nesse símbolo do *tikkun* que é a letra *Tav*.

Aplicação

Quando o *Tav*, a "marca", imprime sua marca em nós, um ciclo se encerra. O *Tav* sela um processo de completamento. Está encerrado.

Esses momentos podem ser agridoces, como uma formatura ou aposentadoria. Ou terrivelmente tristes, como um divórcio ou morte. Ou de realização, como a conclusão de um projeto grande e satisfatório. Podem ser felizes, na medida em que o fim de um ciclo marca o início de um novo, como num casamento ou nascimento. Mas, de um modo ou de outro, para o bem ou para o mal, o *Tav* significa culminação.

Sendo uma letra da אמת, *emet*, verdade, o *Tav* nos convida a enfrentar a verdade da situação, a encarar os fatos. O *Tav* marca um momento natural de reflexão sobre o processo que acaba de terminar. Algumas das questões suscitadas por essa letra são:

- O que aprendi com essa experiência?
- Que bênçãos recebi?
- Que bênçãos ofereci?
- O que faço agora?

Vimos que o *Tav* inicia תפילה, *tefilah*, prece. As preces muitas vezes surgem em momentos de terminação, transição e reflexão — preces de tristeza, preces de gratidão, preces pedindo orientação e direcionamento. O *Tav* pode significar um momento de תשובה, *teshavah*, retorno ou arrependimento, quando retornamos a uma consciência do sagrado ou a nós mesmos, ou nos arrependemos dos erros cometidos.

Os encerramentos e novos inícios proporcionam uma excelente oportunidade de nos empenharmos novamente no תקון, *tikkun*, reparação ou retificação. Desde que o rabino Luria introduziu o conceito, há mais de quatrocentos anos, o *tikkun* adquiriu uma importância vital na prática mística judaica. O *Ari* ensinava que, por meio de nossas preces, de nossa consciência aguçada e de nossos atos de amor-bondade, nós despertamos e redimimos as centelhas decaídas da santidade, envoltas por "cascas", dentro de todas as coisas.

O *Tav* nos incita a buscar o *tikkun* em nossa própria vida e ao nosso próprio modo. Como podemos fazer isso? O rabino contemporâneo David Cooper diz: "Nossas oportunidades de despertar as centelhas são ilimitadas. Nossas escolhas de atividades, nossas interações com nossos parentes, amigos, vizinhos, parceiros profissionais ou mesmo estranhos, o modo como gastamos nosso tempo livre, os livros que lemos, a televisão a que assistimos, o modo como nos alimentamos — tudo na vida cotidiana nos apresenta centelhas encerradas dentro de cascas, esperando para ser libertadas".

Ao libertar essas centelhas, nós estamos, na verdade, ajudando a preparar o caminho para a completa redenção do mundo, na manifestação do Messias. "A aparição do Messias é simplesmente a consumação do processo contínuo de restauração, de *tikkun*", diz o estudioso Gershom Scholem. "O *tikkun*, o caminho para o fim de todas as coisas, é também o caminho para o início."

O *Tav*, essa letra de fim e de início, do *tikkun* e da Torah, da prece e da *teshuvah*, deixa, de fato, uma profunda impressão. Ele nos convida a deixar nossa própria marca no mundo com nossas preces, nossa consciência e nossos atos de amor-bondade.

A Sombra do *Tav*

Às vezes terminamos uma situação ou relacionamento prematuramente, para evitar o risco de uma intimidade ou envolvimento mais profundo. A situação tinha alguma chance de atingir essa resolução, essa sua culminação natural, ou fomos nós que forçamos um fim demasiado precoce, por causa dos nossos medos ou dúvidas? Às vezes é difícil saber. (Às vezes, por outro lado, por causa dos medos ou dúvidas, nós nos estendemos numa situação ou relacionamento além do recomendável, recusando-nos a abandoná-lo.)

O *Tav* marca uma resolução, uma finalização, uma consumação. Isso pode tomar várias formas além do mero "fim". Devemos tomar cuidado para não interpretar o *Tav* de modo muito literal ou simplista. Afinal, ele é tanto uma letra de novos inícios quanto de encerramentos.

Um dos perigos do conceito de *tikkun* é a presunção de que o mundo é intrinsecamente defeituoso e de que depende de nós retificar, de algum modo, o problema. Essa idéia é particularmente perniciosa quando a aplicamos literalmente a uma outra pessoa. Embora as oportunidades de "reparar" sejam óbvias e estejam ao nosso redor, o mundo, sob um outro aspecto, é completo do jeito que está. A concentração excessiva na natureza dispersa das coisas pode nos puxar para baixo e nos consumir. Esperar pela vinda do Messias pode nos levar a um desprezo por esta vida presente. O desafio do *Tav* consiste em nos empenharmos no *tikkun* com alegria, mesmo quando nos vêm lágrimas de tristeza pela fragmentariedade do mundo.

Comentários Pessoais

Mesmo encerrando o *Aleph Beit*, o *Tav* segue em frente, com o pé esquerdo avançando para o futuro. O *Tav* me lembra uma canção dos famosos músicos de blues Sonny Terry e Brownie McGhee: *"Walk on, walk on, walk on, walk on. You gotta keep on walkin' til you find your way back home"**. O vigoroso e intrépido *Tav* continua andando. Exatamente como fazemos quando uma situação termina e nós seguimos em frente, para a encarnação seguinte de nossa vida.

---

* Literalmente: "Continue andando, continue andando, continue andando, continue andando. Você tem que continuar andando até encontrar o caminho de casa" (N. do T.).

ת

Resumo do Tav

Valor Numérico:	400.
Significados:	Marca, selo, impressão. Torah. *Tefila*, prece. Talmud. *Tikkun*, reparação.
Aplicação:	Reconhecer e refletir sobre a conclusão de um processo ou ciclo. Oferecer preces de tristeza ou gratidão, ou pedindo orientação. Empenhar-se em buscar o *tikkun*.
Sombra:	Finalizar situações ou relacionamentos prematuramente. Inversamente, apegar-se a situações ou relacionamentos além do recomendável. Concentrar-se excessivamente nos aspectos "fragmentados" da vida.
Reflexão:	O que aprendi com uma experiência significativa encerrada recentemente? Que bênçãos recebi? Que bênçãos ofereci? O que faço agora?
Ação sugerida:	Complete hoje um ato tangível de *tikkun*. O que você pode despertar, reparar, pôr em ordem ou redimir?

VINTE E TRÊS

A LETRA PERDIDA

SOM: ?
VALOR NUMÉRICO: ?

Significados

A vigésima segunda letra, *Tav*, completa o *Aleph Beit*. Ou será que não? Há um texto cabalístico do século XIII, *Sefer Ha-Temunah* (*O Livro da Imagem*), que ensina que falta uma letra no *Aleph Beit* atual. Todos os defeitos do mundo atual têm sua origem na ausência desta letra. Quando, em algum momento futuro, essa letra for revelada, todos os problemas desaparecerão. Essa consoante ausente, de som inimaginável e inconcebível, irá então combinar-se com todas as outras letras para criar novas palavras, novos mundos. Por fim, tudo estará completo.

De acordo com uma lenda talmúdica, essa vigésima terceira letra aparecia nas tábuas originais onde foram inscritos os Dez Mandamentos. Quando as tábuas se quebraram porque os israelitas cultuavam o bezerro de ouro, todas as letras fugiram das tábuas e subiram ao Paraíso. As outras letras acabaram retornando, mas a vigésima terceira desapareceu deste mundo.

Alguns místicos judeus especulam que a forma dessa letra é semelhante à do *Shin*, mas com quatro cabeças em vez de três. No lado direito da *tefillin*, a pequena caixa de couro preto usada na cabeça durante as orações matinais, há gravado um *Shin* com três cabeças. Mas, no lado esquerdo, recordando a letra perdida, há gravado um misterioso *Shin* de quatro cabeças.

O *Zohar* descreve o *Shin* como "a letra dos pais". As três pontas do *Shin* no lado direito da *tefillin* representam três pais: Abraão, Isaque e Jacó. As quatro pontas no *Shin* do lado esquerdo simbolizam quatro mães: Sara, Rebeca, Raquel e Léia.

No futuro, quando a letra perdida, a letra do lado esquerdo, for revelada, o mundo voltará ao seu equilíbrio. Portanto, a letra das mães, perdida há tanto tempo, irá combinar-se às outras e criar um universo de harmonia e paz.

APLICAÇÃO

A vigésima terceira letra simboliza uma promessa, um potencial que ainda não foi realizado. Embora o *Shin* de quatro cabeças do lado esquerdo da *tefillin* seja um indício, não sabemos exatamente como será esta letra, e muito menos que som terá. Ela representa o que nunca se sonhou, o inimaginável, o possível.

Como seria a vida num universo onde a harmonia e a integridade predominassem realmente? Onde a "letra das mães" tivesse tanta presença e substância quanto a "letra dos pais"? Onde todos os defeitos tivessem desaparecido?

Alguns dizem que a letra perdida vai aparecer apenas quando vier o Messias. A revelação da vigésima terceira letra vai anunciar a era messiânica — ou, dito de outro modo, a vinda do Messias vai criar condições para que a letra perdida volte a ser conhecida.

Em hebraico, a palavra "messias", משיח, *mashiach*, começa com *Mem*, a letra dos poderes femininos do ventre e da água, e prossegue com *Shin*, a letra do poder masculino do fogo. Do mesmo modo, a palavra שלום, *shalom*, "completude", "harmonia", "totalidade", combina as energias do *Shin* e do *Mem*.

Como a *tefillin*, com a letra dos pais no lado direito e a letra das mães no lado esquerdo, a era messiânica será marcada por uma combinação harmoniosa do masculino e do feminino. Então a *Shekhinah*, o aspecto feminino e imanente da Divindade, será unida ao aspecto masculino e transcendente, e um novo Éden florescerá.

Mas, enquanto isso não acontece, o que fazer? Simplesmente esperar? Bem, a paciência é importante, não há dúvida. Escolher essa carta pode ser um lembrete para ver as coisas de uma perspectiva realmente ampla, além da duração da vida humana.

Ao mesmo tempo, no entanto, nós não precisamos ser passivos. Podemos dar nosso melhor no presente, mesmo enquanto rezamos, ansiamos e trabalhamos por um futuro melhor. O rabino Hillel perguntava: "Se não for agora, quando será?" É possível experienciar completude e harmonia no presente? A estrada para o futuro passa por este exato momento. É possível incorporar uma parte das qualidades da era messiânica agora mesmo?

Uma delas, por exemplo, é o humor. "No fundo, o humor é uma pequena prévia da vinda do Messias. Pois, quando o Messias vier, nós ficaremos com um sorriso no rosto", escreveu Susan Yael Mesinai.

Uma parte desse humor é aquela risada cósmica que nos vem quando percebemos não ter a menor idéia do que está acontecendo. Mesmo quando estamos ansiosos por um futuro ideal e perfeito, uma parte de nós vê o absurdo de nossa condição. A nossa ignorância de como é a forma ou o som da vigésima terceira letra é idêntica à nossa ignorância de tudo o mais.

O mestre zen Ti-tsang, do século X, perguntou ao monge errante Fa-yen para onde ia. Fa-yen respondeu que estava peregrinando, indo para onde quer que seus pés o levassem.

Ti-tsang disse: "O que espera com a peregrinação?"

Fa-yen respondeu: "Não sei".

Ti-tsang, então, retrucou: "Ah, não saber é muito íntimo".

Todos nós somos íntimos do não-saber. É o próprio cerne de nossa experiência. Parte da mensagem da letra perdida é fazer as pazes com o não-saber, aceitar com bom humor essa ignorância essencial.

"Ninguém na estrada", disse Alice.
"Eu queria enxergar tão bem quanto você!", observou o Rei, em tom irritado. "Conseguir ver Ninguém — e dessa distância!"

Quando escolhemos essa letra, podemos nos sentir como Alice no País das Maravilhas. Não há ninguém para ver nessa carta. A vigésima terceira letra é a letra dos sonhos, dos contos de fada, das realidades alternativas. Ela nos convida a entrar na próxima aventura louca da vida sem saber o que virá a seguir ou quais os personagens estranhos que vamos encontrar.

A letra perdida significa também o som além dos sons. Representa a última palavra, a palavra além de todas as palavras. Quando escolhemos essa letra, talvez a melhor resposta seja ficar em silêncio. As palavras e letras nunca vão descrever realmente a essência da vida.

Rumi disse:

Não tenho mais palavras.
Que a alma fale
com a silenciosa articulação
de um rosto.

Sombra

Um aspecto sombrio da vigésima terceira letra é abandonar o presente porque um mundo melhor supostamente nos espera no futuro. Essa atitude pode se expressar como apatia ou desespero em relação ao presente ou desistência da vida, ou mesmo de forma autodestrutiva. A letra perdida promete um futuro melhor, mas isso não significa que devemos desprezar o presente. Ele é tudo o que temos.

COMENTÁRIOS PESSOAIS

Quando pondero sobre essa letra perdida, sinto uma saudade profunda e dolorida. Anseio e anseio sem saber exatamente a que estou ansiando. Talvez ao sonho de completude, à esperança de paz, de alegria? A um lugar onde as pessoas, os animais, pássaros, peixes e todos os seres sobre a terra sejam capazes de viver em equilíbrio e plenitude?

A vigésima terceira letra é o símbolo de nossos desejos mais profundos. Sua forma misteriosa e desconhecida recebe e preserva nossas esperanças, sonhos e aspirações. A letra perdida contém a promessa de que um dia, de algum modo, *shalom*, a plenitude, preencherá todo o universo.

Resumo da Letra Perdida

Não há resumo para a letra perdida. Como resumir um mistério? A letra perdida é a letra do futuro, a letra do desconhecido, a letra de todos os sons, a letra do silêncio.

Glossário

Abulafia, Abraão (1240–1296): Cabalista espanhol que desenvolveu métodos para meditar e combinar as letras do nome divino a fim de alcançar estados de êxtase.

Adonai: Título honroso de Deus, normalmente traduzido como "Senhor", usado como substituto do nome impronunciável de quatro letras יהוה (YHVH). Escreve-se יְיָ e אדני.

Aleph Beit: O alfabeto hebraico, a partir dos nomes de suas duas primeiras letras. Também grafados/pronunciados como *"Alef"*, *"Beth"*, *"Beit"*, *"Bet"* e *"Beis"*.

Amidah: Prece composta de dezenove bênçãos, central a todas as cerimônias de prece judaicas e recitada em pé.

Aramaico: Antiga língua semítica bastante próxima do hebraico.

Aseret ha'dibrot: Literalmente, "as dez frases" ou "os dez pronunciamentos". Expressão hebraica usada na Torah para descrever o que normalmente se conhece como "Dez Mandamentos".

Baal Shem Tov: Literalmente, "Mestre do Bom Nome". Título dado ao rabino Israel ben Eliezer (1698-1760), fundador do hassidismo.

Braka: Bênção.

Chesed: Amor-bondade, graça. Uma das dez *Sefirot*.

Chupah: Dossel sob o qual é celebrada a cerimônia de casamento judaica.

Chutzpah: Em iídiche, ousadia, iniciativa, audácia.

Ein sof: Literalmente, "o sem fim" ou "sem limite". O aspecto supremo e incognoscível de Deus.

Gematria: Sistema do misticismo judaico usado para descobrir significados ocultos da Torah e no qual se calcula o valor numérico das letras, palavras e frases, e em seguida relacionam-se essas letras, palavras e frases a outras com o mesmo valor.

Gimilut hasadim: Atos de amor-bondade.

Golem: Literalmente, "massa informe". Criatura lendária, feita de barro e animada por encantamentos mágicos com as letras do Nome Divino.

Ha-shem: Literalmente, "o Nome". Eufemismo respeitoso usado como substituto de *Adonai*.

Hassidismo: Movimento místico fundado na Polônia e na Ucrânia, no século XVIII, pelo Baal Shem Tov.

Havdalah: Literalmente, "distinguir" ou "separar". Cerimônia celebrada ao cair do dia, no sábado, e que marca a separação entre o *Shabbat* e a nova semana que se inicia.

Kabbalah: Literalmente, "aquilo que é recebido". A tradição mística judaica.

Kavanah: Intenção. Meditação ou concentração anterior à prece ou execução de uma ação sagrada.

Koan (japonês): Literalmente, "caso" (no sentido judicial). Uma expressão de harmonia entre o relativo e o absoluto. Um tema de meditação a ser decifrado.

Lamed-vav Tzaddikim ou **Lamed-vavniks**: Os trinta e seis justos incógnitos que sustentam o mundo com seu mérito.

Lashon hara: Literalmente, "língua maligna". Fofoca, crítica e outras formas de discurso nocivo.

Luria, Isaac (1534-1572): Influente rabino cabalista de Safed, Israel; também conhecido como "o Ari", o Leão.

Maggid: Pregador ou contador de histórias peregrino.

Mashiach: O Messias.

Matzah: Pão ázimo comido durante a Páscoa.

Mezzuzah: Pequena caixa, contendo um pedaço de pergaminho com a prece *Shema*, pendurada na ombreira da porta das casas pelos judeus.

Midrash: Comentário ou extensão da Torah, parte do Talmud. As lendas judaicas pós-talmúdicas em geral.

Mikveh: Massa d'água natural, ou banheira feita especialmente para isso, usada em cerimônias de purificação.

Minyan: Quórum mínimo de dez adultos exigido para determinadas cerimônias ou preces. As congregações ortodoxas exigem dez homens para formar um *minyan*, enquanto outras denominações judaicas admitem igualmente homens e mulheres na composição do *minyan*.

Niggunim: Músicas hassídicas sem letra.

Omer: A contagem dos cinqüenta dias entre a segunda noite da Páscoa e o Shavuot.

Ot: "Letra", "sinal" ou "milagre".

Reb ou **Rev**: Forma de tratamento honorífica do estudioso sábio ou do colega estudante ou discípulo.

Rebbe: Forma iídiche de "rabino", empregada de modo carinhoso em referência aos mestres hassidistas.

Rosh Chodesh: Lua nova. O começo do mês hebraico, marcado por preces e celebrações especiais.

Rosh Hashanah: Literalmente, "Cabeça do Ano". O Ano Novo judaico.

Seder: Refeição ritual da Páscoa.

Sefer: Livro.

Sefer Yetzirah: "O Livro da Criação". O mais antigo texto cabalístico conhecido, atribuído ao rabino Akiva (século II da era cristã); descreve como Deus criou o universo por meio das vinte e duas letras hebraicas e das dez *Sefirot*.

Sefirot: As dez emanações ou energias divinas por meio das quais foi criado o mundo. Os dez ramos ou vasos da Árvore da Vida, representando aspectos e atributos de Deus.

Shabbos/Shabbat: Sabbath. O período entre o pôr-do-sol da sexta-feira e o pôr-do-sol do sábado, reservado para o repouso, a renovação, a espiritualidade e a celebração.

Shavuot: Festival que ocorre sete semanas antes da Páscoa e comemora a transmissão da Torah no monte Sinai.

Shekhinah: O aspecto feminino imanente (por oposição a transcendente) da Divindade. Também chamada de "Rainha do Sabbath".

Shema: A prece central do judaísmo, do Deuteronômio 6:4-9, "Ouve, Israel, *YHVH* é nosso Deus, *YHVH* é Um".

Shmitah: O sétimo ano, o sabático, durante o qual não se lavra a terra.

Shofar: Trombeta de chifre de carneiro tocada ritualmente no Rosh Hashanah e no Yom Kippur.

Simchat Torah: O último dia do festival da colheita do Sukkot, durante o qual o ciclo anual de leituras da Torah é concluído e reiniciado.

Sufismo: Ramo místico do Islã; enfatiza a comunhão extática com a Divindade por meio da dança e da meditação.

Sukkot: O festival de colheita que se inicia na lua cheia posterior ao Rosh Hashanah.

Sutra (sânscrito): Discurso ou sermão, normalmente atribuído a Buda. As escrituras budistas em geral.

Talmud: A coleção de histórias, leis e ensinamentos rabínicos escritos e compilados entre 200 a.C. e 500 d.C. Existem dois Talmudes: o Talmud de Jerusalém e o Talmud Babilônico. O Talmud interpreta a Torah e codifica, de modo mais detalhado, as leis contidas na Torah. Depois da Torah, o Talmud é o mais sagrado texto judaico.

Tanach: A Bíblia. Acrônimo que combina as iniciais de *Torah* (os cinco livros de Moisés), *Neviim* (Profetas) e *Ketavim* (Escritos).

Tefillin: Filactérios formados por duas caixas de couro pretas contendo versículos da Bíblia e usados no braço esquerdo e na testa durante as orações matinais.

Teshuvah: Literalmente, "retorno". Arrepender-se ou retornar.

Tikkun: Literalmente, "reparação". Restauração e redenção — em especial, como ensina Isaac Luria, pelo despertar das centelhas da Divindade.

Tikkun olam: Reparação do mundo.

Torah: Os cinco primeiros livros da Bíblia. Por extensão, toda a tradição e doutrina judaica.

Tzaddik: Justo; pessoa conhecida por sua profunda fé e bondade. Os hassidim consideram seus mestres *tzaddikim* dotados de grandes poderes espirituais.

Urim e thumim: O "peitoral do juízo" oracular, usado no Templo pelo Sumo Sacerdote.

Yetzer hara: Inclinação ou impulso maligno. Espírito maligno.

YHVH: יהוה, *Yud-Hei-Vav-Hei*, o inefável e impronunciável santíssimo nome de Deus, composto de quatro letras e às vezes chamado de "Tetragrama".

Yom Kippur: Dia do Julgamento ou Dia do Perdão. O dia mais sagrado do ano judaico, dez dias depois do início do *Rosh Hashanah* e no qual Deus inscreve os nomes das pessoas no Livro da Vida do ano seguinte, determinando, assim, seus destinos.

Zohar: *O Livro do Esplendor*. Seminal texto cabalístico escrito por Moisés de Leão, na Espanha, no século XIII.

Bibliografia

Sobre o Alfabeto Hebraico

Abram, David. *The Spell of the Sensuous*. Nova York: Vintage Books, 1997.

Berg, Philip S. *Power of Aleph Beth*, Vol. 1. Nova York/Jerusalém: Research Center of Kabbalah, 1988.

Drucker, Johanna. *The Alphabetic Labyrinth*. Londres: Thames and Hudson, 1995.

Ginsburgh, Yitzchak. *The Alef-Beit: Jewish Thought Revealed Through the Hebrew Letters*. Northvale, NJ: Jason Aronson, 1995.

Glazerson, Matityahu. *Building Blocks of the Soul: Studies on the Letters and Words of the Hebrew Language*. Northvale, NJ: Jason Aronson, 1997.

———. *Letters of Fire: Mystical Insights into the Hebreu Language*. Jerusalém e Nova York: Feldheim Publishers, 1991.

Haralick, Robert M. *The Inner Meaning of the Hebrew Letters*. Northvale, NJ: Jason Aronson, 1995.

Hoffman, Edward. *The Heavenly Ladder: Kabbalistic Techniques for Inner Growth*. East Meadow, NY: Four Worlds Press, 1985.

———. *The Hebrew Alphabet: A Mystical Journey*. San Francisco: Chronicle Books, 1998.

Kaplan, Aryeh. *Sefer Yetzirah: The Book of Creation*. York Beach, ME: Samuel Weiser, 1993.

Kushner, Lawrence. *The Book of Letters: A Mystical Alef bait*. Woodstock, VT: Jervish Lights, 1990.

Munk, Michael. *The Wisdom in the Hebrew Alphabet: The Sacred Letters as a Guide to Jewish Deed and Thought*. Brooklyn, NY: Mesorah Publications, 1997.

Pennick, Nigel. *The Secret Lore of Runes and Other Ancient Alphabets*. Londres: Rider, 1991.

Prager, Marcia. *The Path of Blessing*. Nova York: Bell Tower, 1998.

Perspectivas Adicionais

Aitken, Robert. *Encouraging Words*. Nova York & San Francisco: Pantheon, 1993.

———. *The Gateless Barrier*. San Francisco: North Point Press, 1991.

———. *The Practice of Perfection*. Nova York & San Francisco: Pantheon, 1982.

———. *A Zen Wave*. Nova York: Weatherhill, 1978.

Barks, Coleman (trad.). *The Essential Rumi*. HarperSanFrancisco, 1995.

———. *Illuminated Rumi*. Nova York: Broadway Books, 1997.

Besserman, Perle (org.). *The Way of the Jewish Mystics*. Boston, MA: Shambhala, 1994.

Buber, Martin. *Tales of the Hasidim, Early Masters*. Nova York: Schocken Books, 1947.

———. *Tales of the Hasidim, Later Masters*. Nova York: Schocken Books, 1948.

Carlebach, Shlomo, com Susan Yael Mesinai. *Shlomo's Stories*. Northvale, NJ: Jason Aronson, 1994.

Cooper, David. *God Is a Verb*. Nova York: Riverhead Books, 1997.

Encyclopaedia Judaica. Jerusalém: Keter Publishing, 1996.

Epstein, Perle. *Kaballah: The Way of the Jewish Mystic*. Boston: Shambhala, 1988.

Green, Arthur, e Holtz, Barry (orgs. e trads.). *Your Word Is Fire: The Hasidic Masters on Contemplative Prayer*. Woodstock, VT: Jewish Lights, 1993.

Heschel, Abraham Joshua. *The Quest for God*. Nova York: Charles Scribner's Sons, 1954.

———. *The Sabbath*. Nova York: Farrar, Straus and Giroux, 1979.

Kamenetz, Rodger. *The Jew in the Lotus*. HarperSanFrancisco, 1994.

———. *Stalking Elijah: Adventures with Today's Jewish Mystical Masters*. HarperSanFrancisco, 1997.

Kaplan, Aryeh. *Inner Space*. Brooklyn, NY: Moznaim Publishing, 1990.

———. *Meditation and Kabbalah*. York Beach, ME: Samuel Weiser, 1982.

Karcher, Stephen. *The Illustrated Encyclopedia of Divination*. Shaftesbury, Dorset/Rockport, MA/Brisbane, Queensland: Element Books, 1997.

Langer, Jiri. *Nine Gates to the Hasidic Mysteries*. Northvale, NJ: Jason Aronson, 1993.

Matt, Daniel (trad.). *The Zohar: The Book of Enlightenment*. Paulist Press, 1983.
Matthews, John (org.). *The World Atlas of Divination*. Boston, Toronto & Nova York: Little, Brown and Company, 1992.
Meade, Michael. *Men and the Water of Life*. HarperSanFrancisco, 1993.
Mitchell, Stephen (org.). *The Enlightened Mind*. Nova York: Harper-Perennial, 1991.
———— (trad.). *Genesis*. Nova York: HarperCollins, 1996.
Mykoff, Moshe (org.). *The Empty Chair*. Woodstock, Vermont: Jewish Lights, 1994.
Prechtel, Martín. *Secrets of the Talking Jaguar*. Nova York: Tharcher/Putnam, 1998.
Rahula, Walpola. *What the Buddha Taught*. Nova York: Grove Press, 1959.
Roberts, Elizabeth, e Amidon, Elias (orgs.). *Earth Prayers*. HarperSanFrancisco, 1991.
Sakaki, Nanao. *Break the Mirror*. Nobleboro, Maine: Blackberry Press, 1987.
Scholem, Gershom. *Major Trends in Jewish Mysticism*. Nova York: Schocken Books, 1974.
Schram, Peninnah (org.). *Chosen Tales: Stories Told by Jewish Storytellers*. Northvale, NJ: Jason Aronson, 1995.
Schwartz, Howard (org.). *Gabriel's Palace: Jewish Mystical Tales*. Nova York/Oxford: Oxford University Press, 1993.
Shapiro, Rami M. (org. e trad.). *Open Secrets: The Letters of Reb Yerachmiel Ben Yisrael*. Durham, North Carolina: Human Kindness Foundation, 1994.
Sheinkin, David. *Path of the Kabbalah*. Nova York: Paragon House, 1986.
Shlain, Leonard. *Alphabet Versus the Goddess: The Conflict Between Word and Image*. Nova York: Viking, 1998.
Skafte, Dianne. *Listening to the Oracle*. HarperSanFrancisco, 1997.
Snyder, Gary. *Turtle Island*. Nova York: New Directions, 1974.
Sperling, Harry, e Simon, Maurice (trads.). *The Zohar*, vol. 2. Londres: Soncino Press, 1978.
Waskow, Arthur. *Godwrestling — Round 2*. Woodstock, VT: Jewish Lights, 1996.
Weil, Simone. *Waiting for God*. Nova York: G. P. Putnam's Sons, 1951.

Notas

Prefácio

P. 20   Abraão Abulafia, citado in Scholem, Gershom, *Major Trends in Jewish Mysticism*. Nova York: Schocken Books, 1974. p. 134.

Introdução

P. 22   Prager, Marcia. *The Path of Blessing*. Nova York: Bell Tower, 1998. p. 191.

P. 22   Abram, David. *The Spell of the Sensuous*. Nova York: Vintage Books, 1997. p. 245.

P. 22   Sperling, Harry, e Simon, Maurice (trads.). *The Zohar*, vol. 2. Londres: Soncino Press, 1978. p. 111.

P. 23   Matt, Daniel (trad.). *The Zohar: The Book of Enlightenment*. Nova York: Paulist Press, 1983. p. 120.

P. 24   Langer, Jiri. *Nine Gates to the Hasidic Mysteries*. Northvale, NJ: Jason Aronson, 1993. p. 16.

P. 24   Baal Shem Tov, citado in Prager, Marcia. *The Path of Blessing*. Nova York: Bell Tower, 1998. p. 192.

P. 25   Abram, David. *The Spell of the Sensuous*. Nova York: Vintage Books, 1997. pp. 242, 243.

P. 25   Mitchell, Stephen (trad.). *Genesis*. Nova York: Harper-Collins, 1996. p. xiv.

P. 26   *Encyclopaedia Judaica, Vol. 6*. Jerusalém: Keter Publishing, 1996. p. 117.

P. 26   Abulafia, Abraão: *Life of the Future World*, 1280. Citado in *The World Atlas of Divination*, John Matthews (org.). Boston, Toronto & Nova York: Little, Brown and Company. p. 74.

P. 27	Para maiores informações sobre quiromancia, v. Kaplan, Aryeh. *Meditation and Kabbalah*. York Beach, ME: Samuel Weiser, 1982. p. 205.
P. 27	Para maiores informações sobre a história da adivinhação no judaísmo, v. *Encyclopaedia Judaica, Vol. 6*. Jerusalém: Keter Publishing, 1996. pp. 111-119.
P. 27	Abraão Abulafia, citado in Hoffman, Edward. *The Heavenly Ladder*. East Meadow, NY: Four Worlds Press, 1985. p. 120.
P. 28	Para sugestões relativas a consulta de oráculos, v. Skafte, Dianne. *Listening to the Oracle*. HarperSanFrancisco, 1997. p. 32.
P. 29	Abraão Abulafia, citado in Hoffman, Edward. *The Heavenly Ladder*. East Meadow, NY: Four Worlds Press, 1985. p. 125.
P. 29	Heschel, Abraham Joshua. *The Quest for God*. Nova York: Charles Scribner's Sons, 1954. p. xii.
P. 30	Para relatos das experiências dos antigos praticantes da Cabala com a meditação alfabética, v. Epstein, Perle. *Kaballah: The Way of the Jewish Mystic*. Boston: Shambhala, 1988. pp. 98-99.

Capítulo 1

P. 34	Kaplan, Aryeh. *Meditation and Kabbalah*. York Beach, ME: Samuel Weiser, 1982. p. 299.
PP. 35-36	História do rabino Aaron in Buber, Martin. *Tales of the Hasidim, Early Masters*. Nova York: Schocken books, 1947. p. 199.
P. 36	Rabino Yerachmiel, citado in Shapiro, Rami M. (trad. e ed.). *Open Secrets: The Letters of Reb Yerachmiel Ben Yisrael*. Carolina do Norte: Human Kindness Foundation, 1994. p. 5, 28.
P. 37	*Zohar* 3:75a.

Capítulo 2

P. 42	Poema de Bashô citado in Aitken, Robert. *The Practice of Perfection*. Nova York & San Francisco: Pantheon, 1994. p. 64.
PP. 43-44	Hakuin Zenji, *Chant in Praise of Zazen*, citado in Aitken, Robert. *Taking the Path of Zen*. San Francisco: North Point Press, 1982. p. 113.

Capítulo 3

P. 48   Os três alicerces do mundo mencionados in *Pirkei Avot* 1:2.

PP. 48-49   Rabino Shlomo Carlebach, citado in Schram, Peninnah (org.). *Chosen Tales: Stories Told by Jewish Storytellers*. Northvale, NJ: Jason Aronson, 1995, pp. 70-75.

Capítulo 4

P. 55   Para mais informações sobre entradas e portas nos vilarejos maias das montanhas, v. Prechtel, Martín. *Secrets of the Talking Jaguar*. Nova York: Tharcher/Putnam, 1998. p. 276.

P. 56   "Um antigo mestre", citado in Green, Arthur, e Holtz, Barry (orgs. e trads.). *Your Word is Fire*. Woodstock, VT: Jewish Lights, 1993. p. 51.

PP. 56-57   História do Baal Shem Tov e do rabi Wolf in Buber, Martin. *Tales of the Hasidim, Early Masters*. Nova York: Schocken Books, 1947. p. 64.

P. 57   Rabino Nachman, citado in Mykoff, Moshe (orgs.). *The Empty Chair*. Woodstock, VT: Jewish Lights, 1994. pp. 41, 104.

Capítulo 5

P. 61   Rabino Nachman, citado in Mykoff, Moshe (org.). *The Empty Chair*. Woodstock, VT: Jewish Lights, 1994. p. 14.

P. 62   Weil, Simone. *Waiting for God*. Nova York: G. P. Putnam's Sons, 1951. p. 105.

Capítulo 6

P. 69   Scholem, Gershom, *Major Trends in Jewish Mysticism*. Nova York: Schocken Books, 1974. p. 275.

Capítulo 7

P. 73   "O que foi criado...", *Genesis Rabba* 10:9.

PP. 73-74   Heschel, Abraham Joshua. *The Sabbath*. Nova York: Farrar, Strauss and Giroux, 1979. p. 19.

P. 73   "Santifique o Sabbath...", *Deuteronomy Rabba*, 3,1.
P. 74   Bly, Robert. *Iron John*. Nova York: Addison-Wesley, 1990. p. 4.

Capítulo 8

P. 79   Prechtel, Martín. Ensinamento pessoal e a canção "God's Private Wine".
P. 80   História do Rabino Moshe Leib in Buber, Martin. *Tales of the Hasidim, Later Masters*. Nova York: Schocken Books, 1948. p. 92.
P. 80   Wu-Men, citado in Aitken, Robert. *Taking the Path of Zen*. San Francisco: North Point Press, 1982. p. 96.
P. 80   Snyder, Gary. *Turtle Island*. Nova YorK: New Directions, 1974. p. 68.
P. 82   Kaplan, Aryeh. *Inner Space*. Brooklyn, NY: Moznaim Publishing, 1990. p. 167.

Capítulo 9

PP. 87-88   História do rabi Zusya in Buber, Martin. *Tales of the Hasidim, Early Masters*. Nova York: Schocken Books, 1947. pp. 237-238.
P. 90   Patricolo, Francesco. "Come the Evolution", em *Bop-A-Ganda*. Portland, OR: Willow Sap, 1997.

Capítulo 10

PP. 94-95   Rumi, Jelaluddin. *The Essential Rumi*, tradução de Coleman Barks. HarperSanFrancisco, 1995. p. 279.

Capítulo 11

PP. 99-100   Stafford, William, de *The Way it Is: New and Selected Poems*. St. Paul, MN: Graywolf Press, 1977, 1998.

Capítulo 12

P. 106   História do Vidente de Lublin in Buber, Martin. *Tales of the Hasidim, Early Masters*. Nova York: Schocken Books, 1947. p. 313.
PP. 106-107   Rumi, Jelaluddin. *Illuminated Rumi*, tradução de Coleman Barks. Nova York: Broadway Books, 1997. p. 81.

P. 107 Millman, Dan. *The Way of the Peaceful Warrior*. Tiburon, CA: H. J. Kramer Inc., 1980. p. 133.

Capítulo 13

P. 113 Para maiores informações sobre as crenças e práticas maias relativas à tristeza, v. Prechtel, Martín. *Grief and Praise: An Evening with Martín Prechtel*. Minneapolis, MN: Hidden Wine Productions, 1997.

P. 113 Rabino Nachman, citado in Mykoff, Moshe (org.). *The Empty Chair*. Woodstock, VT: Jewish Lights, 1994. p. 89.

PP. 113-114 Meade, Michael. *Men and the Water of Life*. HarperSanFrancisco, 1993. p. 344.

P. 115 "Tire água do poço vivo..." de Hirschfield, Aryeh. *Wings of Peace*, 1990.

Capítulo 14

P. 121 Stevenson, Robert Louis. *Fables*. Nova York, 1896.

Capítulo 15

P. 126 King, Jr., Martin Luther. "Letter from a Birmingham Jail". "Christian Century". Chicago, IL: Christian Century Foundation, 12 de junho de 1963.

P. 127 "Como disse um mestre zen...", Nakagawa Roshi, citado in Aitken, Robert. *Taking the Path of Zen*. San Francisco: North Point Press, 1982. p. 74.

P. 127 Goethe, Johann Wolfgang von. V. "The Holy Longing", tradução de Robert Bly, in *News of the Universe*, Sierra Club Books, 1980, p. 70. Ou "Blessed Longing", tradução de Michael Hamburger, in *Johann Wolfgang von Goethe, Selected Poems*. Boston: Suhr Kamp/Insel Publishers, 1983. p. 207.

P. 127 Whitman, Walt. "Song of Myself", 1855.

Capítulo 16

P. 131 Bashô, Matsuo, in Aitken, Robert. *A Zen Wave*. Nova York: Weatherhill, 1978. p. 74.

P. 132 Rabino Nachman, citado in Mykoff, Moshe (org.). *The Empty Chair*. Woodstock, VT: Jewish Lights, 1994. p. 58.

P. 133 Para a citação completa de Wu-Men, v. Aitken, Robert. *Taking the Path of Zen*. San Francisco: North Point Press, 1982. pp. 95-96.

P. 133 Meister Eckhart, citado in *The Enlightened Mind*. Stephen Mitchell (org.). Nova York: HarperPerennial, 1991. p. 114.

Capítulo 17

P. 138 "Quando nos abstemos...", Rahula, Walpola. *What the Buddha Taught*. Nova York: Grove Press, 1959. p. 47.

P. 139 História do Rabino Bunam in Buber, Martin. *Tales of the Hasidim, Later Masters*. Nova York: Schocken Books, 1948. p. 229.

P. 139 Aitken, Robert. *Encouraging Words*. Nova York & San Francisco: Pantheon Books, 1993. p. 125.

P. 140 "O Talmud ensina...", v. *Beitzah* 16a; *Rashi*.

P. 140 "No mesmo sentido, consideram-se...", v. *Hil. Teshuvah* 2:4.

Capítulo 18

PP. 143-144 Cooper, David. *God Is a Verb*. Nova York: Riverhead Books, 1997. pp. 123, 125.

P. 144 Waskow, Arthur. *Godwrestling — Round 2*. Woodstock, VT: Jewish Lights, 1996. p. 212.

P. 144 Cooper, David. *God Is a Verb*. Nova York: Riverhead Books, 1997. pp. 242, 125.

P. 145 "O Talmud ensina...", *Baba Bathra* 10b.

PP. 145-146 História de Mu-chou in Aitken, Robert. *The Practice of Perfection*. Nova York & San Francisco: Pantheon Books, 1994. p. 10.

P. 147 Cooper, David. *God Is a Verb*. Nova York: Riverhead Books, 1997. p. 125.

Capítulo 19

P. 151 V. Cooper, David. *God Is a Verb*. Nova York: Riverhead Books, 1997, pp. 11-12, para uma descrição concisa das duas escolas tradicionais da Cabala.

P. 152 História do rabino Moshe de Kobryn in Buber, Martin. *Tales of the Hasidim, Later Masters*. Nova York: Schocken Books, 1948. p. 173.

P. 152 Rabino Heschel, citado in *Earth Prayers*, Elizabeth Roberts e Elias Amidon (orgs.). HarperSanFrancisco, 1991. p. 365.

P. 152 Rabino Nachman, citado in Mykoff, Moshe (org.). *The Empty Chair*. Woodstock, VT: Jewish Lights, 1994. p. 59.

Capítulo 20

PP. 156-157 "A *teshuvah*, arrependimento, é considerada um fundamento tão essencial e necessário...", v. *Midrash Tehillim* 90; *Pirkey Rabbi Eliezer* 3 (6b); Nedarim 39b.

P. 157 Letra de "Return Again" por Raphael Kahn.

P. 158 Aitken, Robert. *The Diamond Sangha Newsletter*. Honolulu, HI: Koko An Zendo, novembro de 1989, p. 1.

Capítulo 21

P. 163 Wu-Men citado in Aitken, Robert. *The Gateless Barrier*. San Francisco: North Point Press, 1991. p. 142.

P. 164 Sakaki, Nanao. *Break the Mirror*. Nobleboro, ME: Blackberry Books, 1987. p. 89.

P. 164 Rabino Nachman citado in Mykoff, Moshe (org.). *The Empty Chair*. Woodstock, VT: Jewish Lights, 1994. p. 99, 101.

Capítulo 22

P. 167 Munk, Michael. *The Wisdom in the Hebrew Alphabet*. Brooklyn, NY: Mesorah Publications, 1997. p. 222.

P. 167 *Sefer Yetzirah* 1:7.

PP. 169-170	Cooper, David. *God Is a Verb*. Nova York: Riverhead Books, 1997. p. 29.
P. 170	Scholem, Gershom. *Major Trends in Jewish Mysticism*. Nova York: Schocken Books, 1974. p. 274.
P. 171	McGhee, Brownie e Ruth McGhee. "Walk On". Nova York: Hollis Music Inc., 1962.

Capítulo 23

PP. 173-174	"De acordo com uma lenda talmúdica...", v. *Levush HaTecheles* 32:43; *Pesachim* 87b.
P. 174	*Zohar* 1:2b.
P. 174	"As quatro pontas...", v. *Levush, Orach Chaim* 32:43.
P. 175	"No fundo...", v. Carlebach, Shlomo, com Susan Yael Mesinai. *Shlomo's Stories*. Northvale, New Jersey: Jason Aronson, Inc., 1994. p. 146.
P. 175	História de Ti-tsang e Fa-yen in Cleary, Thomas (trad.). *Book of Serenity*. Hudson, NY: Lindisfarne Press, 1990. p. 86.
P. 176	Carroll, Lewis. *Alice in Wonderland and Through the Looking Glass*. Nova York: Grosset & Dunlap, 1948. p. 239.
P. 176	Poema de Rumi traduzido [para o inglês (N. do T.)] por Coleman Barks in *Illuminated Rumi*. Nova York: Broadway Books, 1997. p. 12.

Permissões

Agradeço às seguintes pessoas pela permissão de reproduzir trechos de material publicado anteriormente:

Prager, Marcia. *The Path of Blessing*. Copyright © by Marcia Prager. Reproduzido com permissão da Crown Publications.

Abram, David. *The Spell of the Sensuous*. Nova York: Vintage Books. Copyright © 1997.

Sperling, Harry, e Simon, Maurice (trads.). *The Zohar*, vol. 2. Londres: Soncino Press. Copyright © 1978.

Matt, Daniel (trad.). *The Zohar: The Book of Enlightenment*. Nova York: Paulist Press. Copyright © 1983.

Langer, Jiri. *Nine Gates to the Hasidic Mysteries*. Reproduzido com permissão da Jason Aronson, Inc., Northvale, NJ. Copyright © 1993.

Mitchell, Stephen (trad.). *Genesis*. Nova York: HarperCollins. Copyright © 1996.

Shapiro, Rami M. (org. e trad.). *Open Secrets: The Letters of Reb Yerachmiel Ben Yisrael*. Ashville, NC: Human Kindness Foundation. Copyright © 1994.

Buber, Martin. *Tales of the Hasidim, Early Masters*. Nova York: Shocken Books. Copyright © 1947.

Aitken, Robert. *The Practice of Perfection*. Nova York & San Francisco: Pantheon. Copyright © 1982.

Schram, Peninnah (org.). *Chosen Tales: Stories Told by Jewish Storytellers*. Reproduzido com permissão da Jason Aronson, Inc., Northvale, NJ. Copyright © 1995.

The Empty Chair: Finding Hope and Joy — Timeless Wisdom from a Hasidic Master, Rebbe Nachman of Breslov. Copyright © 1994 by The Breslov

Research Institute. Reproduzido com permissão da Jewish Lights Publishing, P.O. Box 237, Woodstock, VT 05091.

Scholem, Gershom. *Major Trends in Jewish Mysticism*. Nova York: Schocken Books. Copyright © 1974.

Your Word is Fire: The Hasidic Masters on Contemplative Prayer. Copyright © 1993 by Arthur Green e Barry W. Holtz. Reproduzido com permissão da Jewish Lights Publishing, P.O. Box 237, Woodstock, VT 05091.

Buber, Martin. *Tales of the Hasidim, Later Masters*. Nova York: Schocken Books. Copyright © 1948.

Heschel, Abraham Joshua. *The Sabbath*. Copyright © 1951 by Abraham Joshua Heschel. Copyright renovado © 1979 by Sylvia Heschel. Reproduzido com permissão da Farrar, Strauss, and Giroux, LLC.

Snyder, Gary. *Turtle Island*. Copyright © 1974 by Gary Snyder. Reproduzido com permissão da New Directions Publishing Corp.

Patricolo, Francesco. "Come the Evolution", em *Bop-A-Ganda*. Copyright © 1997 by Francesco Patricolo.

Barks, Coleman (trad.). *The Essential Rumi*. San Francisco: HarperSanFrancisco. Copyright © 1995. Reproduzido com permissão da Threshold Books.

"A Story That Could be True". Copyright © 1977, 1998 by herdeiros de William Stafford. Reproduzido de *The Way It Is: New and Selected Poems*, com permissão da Graywolf Press, St. Paul, Minnesota.

The Illuminated Rumi, de Coleman Barks e Michael Green. Copyright © 1997 by Coleman Barks e Michael Green. Reproduzido com permissão da Broadway Books, uma divisão da Random House, Inc.

Meade, Michael. *Men and the Water of Life*. San Francisco: HarperSanFrancisco. Copyright © 1993.

Hirschfield, Aryeh. *Wings of Peace*. Copyright © 1990 by Aryeh Hirschfield.

Aitken, Robert. *A Zen Wave*. Nova York: Weatherhill. Copyright © 1978.

Rahula, Walpola. *What the Buddha Taught*. Nova York: Grove/Atlantic, Inc. Copyright © 1959.

Aitken, Robert. *Encouraging Words*. Nova York & San Francisco: Pantheon. Copyright © 1993.

Cooper, David. *God Is a Verb*. Copyright © 1997 by rabino David A. Cooper. Reproduzido com permissão da Putnam Berkeley, uma divisão da Penguin Putnam, Inc.

Aitken, Robert. *The Diamond Sangha Newsletter*. Copyright © 1989 by Robert Aitken.

Sakaki, Nanao. *Break the Mirror*. Nobleboro, Maine: Blackberry Press. Copyright © 1987.

Munk, Michael. *The Wisdom in the Hebrew Alphabet: The Sacred Letters as a Guide to Jewish Deed and Thought*. Brooklyn, NY: Mesorah Publications. Copyright © 1997.

"Walk On", de Brownie McGhee e Ruth McGhee. Copyright © 1962 (renovado) e 1966 (renovado) Westminster Music Ltd., Londres, Inglaterra. Reproduzido com permissão da TRO-Hollis Music, Inc., Nova York.

Carlebach, Shlomo, com Susan Yael Mesinai. *Shlomo's Stories*. Reproduzido com permissão do editor, Jason Aronson, Inc., Northvale, NJ. Copyright © 1994.